Lidando com a ansiedade

A Artmed é a editora oficial da FBTC

H713l   Hofmann, Stefan G.
        Lidando com a ansiedade : estratégias de TCC e *mindfulness* para superar o medo e a preocupação / Stefan G. Hofmann ; tradução: Sandra Maria Mallmann da Rosa ; revisão técnica: André Luiz Moreno. – Porto Alegre : Artmed, 2022.
        xiv, 171 p. : il. ; 25 cm.

        ISBN 978-65-5882-057-4

        1. Ansiedade. 2. Psicoterapia. 3. Terapia cognitivo-comportamental. I. Título.

CDU 159.9:616.89-008.441

Catalogação na publicação: Karin Lorien Menoncin – CRB 10/2147

Stefan G. **Hofmann**

Lidando com a ansiedade

*estratégias de **TCC** e **mindfulness**
para superar o medo e a preocupação*

Tradução
Sandra Maria Mallmann da Rosa

Revisão técnica
André Luiz Moreno
Psicólogo. Especialista em Terapia Cognitivo-comportamental pelo Instituto WP.
Doutor em Saúde Mental pela Faculdade de Medicina de Ribeirão Preto – Universidade de São Paulo (FMRP-USP).

Reimpressão

artmed

Porto Alegre
2022

Obra originalmente publicada sob o título
The anxiety skills workbook: simple CBT and mindfulness strategies for overcoming anxiety, fear, and worry, 1st Edition
ISBN 9781684034529

Copyright © 2020 by Stefan G. Hofmann
New Harbinger Publications, Inc.
5674 Shattuck Avenue
Oakland, CA 94609
www.newharbinger.com

Gerente editorial
Letícia Bispo de Lima

Colaboraram nesta edição:

Coordenadora editorial
Cláudia Bittencourt

Capa
Paola Manica | Brand&Book

Preparação de originais
Giovana Silva da Roza

Leitura final
Marcela Bezerra

Editoração
Ledur Serviços Editoriais Ltda.

Reservados todos os direitos de publicação, em língua portuguesa, ao
GRUPO A EDUCAÇÃO S.A.
(Artmed é um selo editorial do GRUPO A EDUCAÇÃO S.A.)
Rua Ernesto Alves, 150 – Bairro Floresta
90220-190 – Porto Alegre – RS
Fone: (51) 3027-7000

SAC 0800 703 3444 – www.grupoa.com.br

É proibida a duplicação ou reprodução deste volume, no todo ou em parte, sob quaisquer formas ou por quaisquer meios (eletrônico, mecânico, gravação, fotocópia, distribuição na Web e outros), sem permissão expressa da Editora.

IMPRESSO NO BRASIL
PRINTED IN BRAZIL

Autor

Stefan G. Hofmann, PhD, é professor do programa clínico do departamento de ciências psicológicas e do cérebro da Boston University, onde dirige o Psychoterapy and Emotion Research Laboratory (PERL). Sua pesquisa foca no mecanismo de mudança no tratamento – traduzindo descobertas da neurociência em aplicações clínicas, emoções e expressões culturais da psicopatologia. Foi presidente da Association for Behavioral and Cognitive Therapies (ABTC) e da International Association for Cognitive Psychotherapy (IACP). É editor da *Cognitive Therapy and Research* e editor associado da *Clinical Psychological Science*. É autor de inúmeros livros, incluindo *Introdução à terapia cognitivo-comportamental contemporânea* e *Terapia cognitivo-comportamental baseada em processos: ciência e competências clínicas*, publicados no Brasil pela Artmed.

A autora da Apresentação, **Judith S. Beck, PhD**, é diretora do Beck Institute for Cognitive Behavior Therapy, professora clínica associada de psicologia em psiquiatria na University of Pennsylvania e ex-presidente da Academy of Cognitive Therapy. Filha do influente fundador da terapia cognitiva, Aaron T. Beck, é autora dos livros *Terapia cognitivo-comportamental: teoria e prática* (3.ed.), *Terapia cognitiva para desafios clínicos: o que fazer quando o básico não funciona*, *Pense magro: a dieta definitiva de Beck*, *Pense magro por toda a vida: programa para perda de peso com orientação nutricional* e *Livro de tarefas pense magro: a dieta definitiva de Beck*, publicados no Brasil pela Artmed.

Coautores

Os seguintes profissionais colaboraram com este livro:

Amanda Baker, PhD, é psicóloga clínica no Center for Anxiety and Traumatic Stress Disorders no Massachusetts General Hospital (MGH) e professora assistente na Harvard Medical School (HMS). A Dra. Baker recebeu seu PhD da Boston University e concluiu seu estágio pré-doutorado na MGH/HMS. Seus interesses clínicos e de pesquisa envolvem os mediadores e moderadores dos tratamentos cognitivo-comportamentais para ansiedade. Em 2018, concluiu uma bolsa no programa KL2/CMeRIT Harvard Catalyst/The Harvard Clinical and Translational Science Center/National Institutes of Health e, em 2019, recebeu o prêmio NARSAD Young Investigator Grant. Ela tem experiência em terapias baseadas em evidências para transtornos de ansiedade, do humor, do espectro obsessivo-compulsivo e de estresse pós-traumático.

Elizabeth M. Goetter, PhD, é psicóloga clínica no Center for Anxiety and Traumatic Stress Disorders no Massachusetts General Hospital (MGH) e professora assistente na Harvard Medical School (HMS). Também é codiretora da Red Sox Foundation e MGH Home Base Program's Outpatient Clinic. A Dra. Goetter recebeu seu PhD da Drexel University. Concluiu seu estágio pré-doutorado na University of California, San Diego/VA San Diego Healthcare System e recebeu seu treinamento pós-doutorado na MGH/HMS. Sua especialidade clínica é em tratamento baseado em evidências de ansiedade e transtornos relacionados a trauma e outros estressores. Trabalhou como avaliadora independente e terapeuta de estudos em múltiplas pesquisas financiadas pelo NIH, NIMH e DOD.

Joseph K. Carpenter, MA, é doutorando em psicologia clínica na Boston University e, na época da publicação deste livro, estava concluindo seu estágio no VA Boston Healthcare System, onde presta serviços clínicos para veteranos com dificuldades relacionadas a trauma. Tem experiência em terapia cognitivo-comportamental para transtornos de ansiedade e relacionados, e conduz pesquisas voltadas para a melhoria dos tratamentos para essas condições. Sua pesquisa foca na tradução dos conhecimentos da pesquisa básica do medo, da aprendizagem e da memória em novas abordagens terapêuticas para tratar ansiedade.

Joshua E. Curtiss, MA, é pesquisador de doutorado na Boston University, concluindo um estágio de doutorado no Harvard Medical School-Massachusetts General Hospital (MGH/HMS). Anteriormente, conduziu pesquisas em psicologia na Yale University como estatístico. Seus interesses incluem o uso de modelos estatísticos inovadores para abordar questões relativas ao tratamento e à nosologia dos transtornos mentais. Também é autor de outro livro popular sobre transtornos de ansiedade publicado pela editora New Harbinger (*Don't Let Anxiety Run Your Life*).

Aos nossos corajosos clientes, que tanto nos ensinaram.

Apresentação

Ansiedade e preocupações são problemas emocionais comuns. Para algumas pessoas, esses problemas são tão severos que dão origem a um alto grau de estresse e sofrimento. Sabemos acerca da natureza desses problemas, e existem muitos livros sobre ansiedade e preocupação, mas é improvável que simplesmente conhecer os fatos sobre essas condições mude muita coisa, assim como conselhos passivos sobre estratégias de tratamento comuns que devem funcionar para a maioria das pessoas, como há em tantos livros de autoajuda, não levarão a um resultado de sucesso. Diferentemente disso, o sucesso resulta do trabalho ativo para identificar e mudar os padrões disfuncionais **específicos de cada indivíduo**. Esse ponto é uma característica distintiva deste livro, não compartilhada por outros, pois ele consiste em **módulos** de tratamento que focam em diferentes aspectos da ansiedade; no entanto, nem todos os módulos serão igualmente benéficos para todos. Uma abordagem modular como esta para superar a ansiedade reconhece os problemas únicos que uma determinada pessoa está enfrentando, e a combinação dos módulos certos para esses problemas é a forma mais poderosa de focar e superar a ansiedade.

O livro inicia incentivando os leitores a pensar criticamente sobre suas razões para querer mudar e a desenvolver objetivos concretos sobre como será essa mudança. Esta é uma etapa crítica frequentemente negligenciada, pois ter algo tangível para o que se empenhar faz com que pareça muito mais administrável a realização do trabalho necessário para reduzir a própria ansiedade.

A estrutura geral do livro está baseada no modelo cognitivo-comportamental da ansiedade, o qual é apoiado por décadas de pesquisas com dezenas de milhares de pacientes ansiosos. Ele nos ensina como pensamentos, comportamentos e sensações físicas interagem para criar um círculo vicioso de ansiedade que pode fazer com que nos sintamos aprisionados. Esse modelo serve como estrutura para as habilidades ensinadas no livro, com cada módulo subsequente incluindo estratégias para focar em um desses três componentes da ansiedade.

O módulo "Relaxamento consciente" nos ensina a atingir o relaxamento físico e mental. Frequentemente, ansiedade envolve tensão física e uma mente sobrecarregada, e exige técnicas específicas para promover o relaxamento. O livro faz um excelente trabalho ensinando aos leitores sobre o relaxamento muscular progressivo, uma estratégia que promove relaxamento profundo em diferentes partes do corpo, além de *mindfulness*, que pode ajudar as pessoas a se manterem mais focadas no momento presente.

No módulo "Repensando pensamentos", que foca em padrões de pensamento enviesados na manutenção da ansiedade, os leitores aprenderão estratégias específicas para responder a pensamentos disfuncionais e gerar padrões de pensamento mais realistas e úteis. A reestruturação cognitiva é uma estratégia fundamental na tradição cognitivo-comportamental, e há uma riqueza de evidências científicas apoiando sua eficácia. O livro fornece instruções claras e exemplos úteis para auxiliar os leitores a ensinarem a si mesmos essas estratégias fundamentais para superar a ansiedade problemática.

O módulo "Preocupações sobre as preocupações" ensina aos leitores inúmeras estratégias que podem ajudá-los a obter mais distância dos pensamentos ansiosos. Essas estratégias se originam de pesquisas recentes e do trabalho na clínica e mostram que não são apenas os nossos pensamentos que guiam a ansiedade, mas também a forma como pensamos sobre eles. Os exercícios têm o objetivo de mostrar que esses pensamentos sobre os pensamentos, ou metacognições, tendem a ser imprecisos. O módulo ensina formas alternativas de responder a pensamentos ansiosos que permitem mais liberdade para focar no que é importante para nós.

O módulo "Enfrentando cenários e imagens temidos" apresenta os fundamentos de como superar e enfrentar esses pensamentos e cenários. Frequentemente, a ansiedade encoraja as pessoas a evitarem o que elas mais temem, seja um objeto, um lugar ou uma imagem. Os leitores aprenderão como vencer seus pensamentos mais assustadores, aprendendo a usar o imaginário mental para gradualmente se exporem aos seus cenários mais pessimistas.

O foco na intolerância à incerteza no módulo "Mudando comportamentos" é essencial, pois a incerteza é parte inevitável da vida cotidiana e ela só aumenta em nosso mundo agitado, em constante evolução. Por fim, nos defrontamos com a escolha de continuar a tentar obter mais certeza (de forma disfuncional) ou realizar o trabalho desafiador de promover tolerância à incerteza por meio dos exercícios de mudança comportamental apresentados neste módulo. O livro faz um excelente trabalho ao guiar o leitor por meio do planejamento das suas próprias atividades de mudança comportamental, aprendendo a monitorar o processo e ajustando as atividades quando necessário.

Outro ponto excelente deste livro é a forma como cada exercício se desenvolve a partir dos outros e como podem ser individualizados tomando por base a situação específica do leitor. No módulo final, "Progresso nos objetivos e prevenção de recaídas", os leitores têm a oportunidade de revisar tudo o que aprenderam e criar um plano para manter seus ganhos e se desenvolver a partir deles.

Judith S. Beck, PhD
Diretora do Beck Institute

Prólogo

Você é preocupado? Você é mais ansioso que a maioria das pessoas? A ansiedade está controlando a sua vida? Você está perdendo coisas na vida por causa da ansiedade e da preocupação? Você não está sozinho. Ansiedade e transtornos de ansiedade são alguns dos problemas psicológicos mais comuns, causando um alto grau de sofrimento e impedindo que as pessoas atinjam seus objetivos e vivam uma vida realizada, significativa e feliz. Se a ansiedade o detém e mantém aprisionado, este livro lhe indicará uma saída do seu sofrimento. Se seguir nossas orientações, acreditamos que você conseguirá ter sucesso em transformar sua vida transformando sua mente ansiosa.

Por que estamos tão confiantes que podemos lhe ajudar? Porque sabemos que isso funciona! Somos cientistas clínicos e especialistas em transtornos do humor e de ansiedade, trabalhando há décadas na linha de frente com as formas mais severas de transtornos de estresse, humor e ansiedade. As técnicas descritas neste livro compreendem estratégias concretas que todo clínico competente precisa conhecer para tratar problemas de ansiedade. Elas foram desenvolvidas durante décadas de rigorosas pesquisas clínicas e incontáveis ensaios e estudos clínicos, resultando nas práticas concretas baseadas em evidências descritas neste livro. Foram necessários muitos pensadores e clínicos para elaborar essas estratégias – tantos que se torna impossível nomeá-los aqui. Este livro traduz esses conhecimentos e técnicas em um guia de procedimentos relativamente fácil para recuperar a sua vida.

Este provavelmente não é o primeiro livro sobre ansiedade que você tem em mãos. Sabemos que a literatura de autoajuda para problemas de ansiedade pode parecer excessiva e confusa, e infelizmente muitos desses livros estão mal embasados. Você também já pode ter tentado obter ajuda para seus problemas com um psicólogo ou um psiquiatra, assim como muitos terapeutas que você encontrou podem não ter lhe auxiliado muito porque não faziam uso das melhores técnicas para ansiedade. Além disso, também há muitas razões para que o uso de medicamentos possa não ser uma boa ideia para você. Podemos recomendar as técnicas neste livro para todos porque as pesquisas mostraram o quão amplamente elas ajudam. Se ainda não as experimentou, convidamos você a tentar. Você não tem nada a perder, e estamos confiantes que elas ajudarão.

Não existem duas pessoas iguais. Cada um de nós tem uma história única. Nossos corpos e mentes respondem de forma singular a uma mesma situação, somos diferentes em nossas fraquezas e em nossos pontos fortes. Portanto, não existe uma abordagem *única* que focará em *todos* os problemas de ansiedade para *todas* as pessoas. Em vez disso, há algumas estratégias que funcionam muito bem para algumas pessoas, e outras estratégias que funcionam bem para outras. É por isso que o método "tamanho único" da maioria dos livros de autoajuda geralmente causa decepção. Precisamos encontrar a estratégia *certa* que se ajuste para resolver o problema para *você*.

A partir disso, elaboramos módulos de tratamento para lidar com sua ansiedade e preocupação, em que cada módulo foca em um aspecto diferente do seu problema. Esses módulos são relacionados, mas também podem ser usados como estratégias independentes. Ninguém conhece o seu problema mais que você, e você é seu melhor especialista; portanto, estará na posição adequada para decidir o que funciona no seu caso. Aconselhamos você a, primeiramente, trabalhar o livro inteiro e todos os módulos, passo a passo, para depois voltar aos que tiveram melhor resultado. Depois de descobrir quais estratégias funcionam melhor, detenha-se nelas e continue praticando-as. Você verá resultados significativos em apenas algumas semanas. Experimente. Transforme a sua vida. Transforme sua mente ansiosa.

Sumário

	Apresentação *Judith S. Beck, PhD*	xi
	Prólogo	xiii
	Introdução: Como usar este livro	1
MÓDULO 1	Planejando sua jornada	11
Seção I	Definição de objetivos e motivação	13
Seção II	A natureza da ansiedade e preocupações	23
Seção III	Como a ansiedade ataca	35
MÓDULO 2	Relaxamento consciente	47
MÓDULO 3	Repensando pensamentos	65
Seção I	Superestimação da probabilidade	71
Seção II	Catastrofização	81
MÓDULO 4	Preocupações sobre as preocupações	97
Seção I	Atenção desfocada	99
Seção II	Adiamento da preocupação	115
MÓDULO 5	Enfrentando cenários e imagens temidos	131
MÓDULO 6	Mudando comportamentos	149
MÓDULO 7	Progresso nos objetivos e prevenção de recaídas	163
	Referências	173

Introdução
Como usar este livro

Parabéns! Ao abrir este livro, você deu o primeiro passo para fazer algo em relação à sua ansiedade. Embora isso possa parecer trivial, não é algo pequeno. A ansiedade afeta mais de um quarto da população, embora muitas pessoas passem anos sem tratá-la, e algumas jamais tomam alguma atitude a respeito. Há inúmeras razões compreensíveis e relacionáveis para isso. Muitas pessoas têm medo de reconhecer sua ansiedade ou se sentem constrangidas de admiti-la para outra pessoa. Outras acham que a ansiedade é algo com que têm de conviver, e que não há nada que possa ser feito. Outras ainda não têm ideia de onde procurar ajuda ou acham o processo muito desgastante. E, algumas vezes, as pessoas simplesmente não percebem até que ponto a ansiedade torna sua vida mais difícil. Você mesmo pode ter tido vários destes pensamentos. No entanto, o fato de estar lendo isto neste exato momento significa que você está a caminho de lidar com sua ansiedade de modo diferente, e essa é uma boa razão para se sentir esperançoso!

Outra razão para que você se sinta assim é que os autores deste livro sabem, por terem trabalhado com centenas de pessoas que sofrem de ansiedade, que ela pode ser tratada efetivamente. Um objetivo importante deste livro de exercícios é lhe mostrar que ansiedade intensa e preocupação não são algo que você simplesmente tem que enfrentar. Existem inúmeras ferramentas e estratégias que você pode aprender para reduzir significativamente o impacto que ela tem na sua vida. Essas mudanças não acontecem da noite para o dia, mas, com prática consistente, as ferramentas que você aprenderá podem mudar a sua relação com a ansiedade. Em vez de a ansiedade controlar você, você pode controlar como responde a ela, e assim chegar mais próximo da vida que você quer ter.

ESTE É O LIVRO CERTO PARA VOCÊ?

Ansiedade é uma experiência universal, e as habilidades abrangidas neste livro podem ser úteis para qualquer pessoa a fim de lidar efetivamente com os problemas causados por ela. No entanto, há certas coisas que você pode estar enfrentando que fariam deste livro especificamente uma boa opção. Examine a lista de problemas a seguir e marque aquelas que se aplicam a você.

- ☐ Eu me preocupo com as coisas mais do que gostaria.
- ☐ Tenho dificuldade para dormir devido a pensamentos ansiosos.
- ☐ Tenho muita tensão física (nos ombros, pescoço, etc.).
- ☐ Quando fico ansioso por algum motivo, frequentemente tenho dificuldade para deter ou controlar meus pensamentos ansiosos.
- ☐ Minha ansiedade pode dificultar a minha concentração.
- ☐ Passo muito tempo pensando em coisas que poderiam dar errado.
- ☐ As pessoas já me disseram que eu sou "muito preocupado".
- ☐ Tenho dores de cabeça ou dores musculares quando estou estressado.
- ☐ Tenho dificuldade para relaxar.
- ☐ Fico irritado ou tenho um "curto circuito" quando estou preocupado.
- ☐ Eu procrastino ou evito tarefas que me deixam ansioso.

Você marcou muitos itens? Em caso afirmativo, tenha certeza de que não está sozinho, e este livro é para você. Mesmo que tenha marcado apenas alguns itens, mas percebe que fica estressado com eles, este livro provavelmente lhe oferecerá muitas ferramentas úteis, como diversas habilidades e exemplos de como aplicá-las a uma variedade de situações.

Você também deve saber que este livro foi escrito para trabalhar tanto como um livro de autoajuda independente como para ser usado em colaboração com um terapeuta. A abordagem empregada aqui está baseada na terapia cognitivo-comportamental (TCC), portanto, se você está fazendo terapia com um profissional familiarizado com a TCC, pode ser útil conversar com ele sobre o que você está trabalhando e aprendendo aqui. Mesmo que você esteja fazendo um tipo diferente de terapia, este livro pode ser uma ferramenta útil para abordar sua ansiedade.

Há inúmeros problemas que este livro é destinado a abordar. Porém, se você está experimentando pensamentos suicidas, sentindo-se severamente abatido e deprimido ou consumindo álcool ou usando outras substâncias de forma que esteja causando problemas, é importante que você entre em contato com um profissional de saúde mental que possa trabalhar com você diretamente nesses problemas.

ESTRUTURA DO LIVRO

Este é um livro de exercícios dividido em sete módulos, e cada um abrange uma habilidade diferente ou um conjunto de habilidades. Cada módulo, ou seção com o módulo, inclui:

- Leitura informativa sobre um conceito relacionado à ansiedade, incluindo informações sobre como e por que a habilidade funciona
- Exemplos de como esses conceitos e habilidades podem se aplicar a alguém que está enfrentando ansiedade
- Atividades para ilustrar os conceitos apresentados
- Revisão dos principais conceitos ao fim de cada seção
- Exercícios como dever de casa para você monitorar sua ansiedade e praticar as habilidades que aprendeu

Você vai perceber que este livro de exercícios foi elaborado para ser muito ativo, porque você não aprende como lidar com a ansiedade simplesmente lendo sobre ela. As pessoas que efetivamente lidam com sua ansiedade o fazem praticando. Pediremos que você experimente novas habilidades e pratique diferentes comportamentos para romper o ciclo da ansiedade. Por ser um processo de aprendizagem, recomendamos que você reserve bastante tempo para praticar e absorver o que está aprendendo e que complete um módulo a cada semana – para módulos com múltiplas seções, sugerimos uma seção a cada semana. A única exceção são as seções I e II do primeiro módulo, as quais você pode fazer juntas, se quiser. Se você seguir este cronograma, levará 11 semanas. Seja qual for o ritmo que decidir usar, encorajamos você a planejar quando irá trabalhar em cada módulo para que se mantenha comprometido com o objetivo. Incluímos uma ferramenta de planejamento no final desta seção para ajudá-lo.

A seguir, apresentamos uma breve descrição do que você irá aprender em cada módulo do tratamento. Essas habilidades formam a base da TCC e de *mindfulness*, as quais pesquisas têm demonstrado serem os tratamentos mais eficazes (Carpenter et al., 2018; Hofmann et al., 2010). Além disso, os autores deste livro observaram essas estratégias mudarem drasticamente as vidas de centenas de pacientes; portanto, você está recebendo algumas das melhores ferramentas que existem.

- **Módulo 1 – Planejando sua jornada:** neste módulo, você vai definir objetivos para si mesmo, vai levar em consideração suas motivações para abordar a ansiedade e vai aprender a entender melhor sua condição e as causas dela.

- **Módulo 2 – Relaxamento consciente:** este é o momento em que você vai aprender suas primeiras habilidades de redução da ansiedade. Este módulo vai ensinar duas técnicas de relaxamento, o muscular progressivo e a respiração consciente.

- **Módulo 3 – Repensando pensamentos:** neste módulo, você vai aprender como padrões de pensamento habituais podem aumentar a ansiedade e como identificar armadilhas do pensamento. Vamos ensinar métodos para desafiar pensamentos ansiosos disfuncionais.

- **Módulo 4 – Preocupações sobre as preocupações:** neste módulo, você vai aprender a identificar como suas crenças sobre preocupação e ansiedade podem aumentar a ansiedade. Você também vai praticar a habilidade de *mindfulness*, que o ajudará a se relacionar de forma diferente com seus pensamentos ansiosos.

- **Módulo 5 – Enfrentando cenários e imagens temidos:** este módulo vai ensinar você a enfrentar situações temidas. Algumas dessas situações podem ser baseadas na realidade, enquanto outras podem estar apenas na sua imaginação. Seja qual for a origem, essa técnica pode ajudá-lo a controlar sua ansiedade.

- **Módulo 6 – Mudando comportamentos:** este módulo envolve a identificação de comportamentos que estão mantendo a sua ansiedade. Vamos mostrar como criar um plano para mudar esses comportamentos.

- **Módulo 7 – Progresso nos objetivos e prevenção de recaídas:** você vai concluir este livro revisando o progresso que fez em relação aos seus objetivos. Além disso, você também vai aprender a manter as mudanças que fez.

O quadro a seguir lista algumas das principais questões abordadas em cada um dos módulos. Algumas dessas questões provavelmente serão mais relevantes para você do que outras, e há uma boa chance de que os módulos que abordam essas questões o ajudem mais. No entanto, encorajamos você a ainda assim passar por todos os módulos primeiro, e então voltar e passar mais tempo naqueles que são mais benéficos para você.

Módulo	Vai ajudá-lo com a seguintes questões...
Módulo 1 – Planejando sua jornada	• Quais são seus objetivos? • Ansiedade é um problema para você? • Você está pronto para enfrentar a ansiedade?
Módulo 2 – Relaxamento consciente	• Você é excessivamente tenso? • Você tem dificuldade para relaxar? • Você tem dificuldade para respirar? • Você tem dificuldade de concentração e de estar no momento presente?
Módulo 3 – Repensando pensamentos	• Você tem muitos pensamentos automáticos negativos? • Você às vezes dá importância demais às coisas que precisa fazer? • Você frequentemente espera o pior?
Módulo 4 – Preocupações sobre as preocupações	• Você acha que se preocupar ajuda a evitar maus resultados? • Você se preocupa com as consequências de se preocupar? • É difícil para você desviar sua atenção dos seus pensamentos negativos?
Módulo 5 – Enfrentando cenários e imagens temidos	• Existe alguma coisa que você faz ou não faz que o impede de enfrentar seu medo? • Existem imagens ou situações que você teme muito e tende a evitar? • Como você pode superar sua evitação?
Módulo 6 – Mudando comportamentos	• Que comportamentos desencadeados pela preocupação acabam piorando sua ansiedade? • Como você pode identificar e mudar esses comportamentos?
Módulo 7 – Progresso nos objetivos e prevenção de recaídas	• Em que áreas você fez progresso? • Como você pode continuar o bom trabalho? • Que áreas precisam melhorar ainda mais?

OBTENDO O MÁXIMO DESTE LIVRO

Conforme você avança neste livro, siga os seguintes princípios orientadores para obter o máximo de benefícios possível:

1. **Prática consistente** – ler um módulo deste livro provavelmente não levará mais de uma hora. No entanto, há 168 horas em uma semana, e o que você faz nas outras 167 horas vai impactar sua ansiedade mais do que a hora que você passa lendo este livro. Então, isso significa prática, prática e prática. No início, "praticar", em grande parte, significará monitorar e acompanhar sua ansiedade, mas, à medida que você avançar neste livro, será exposto a um número maior de habilidades. Quanto mais você as praticar, mais úteis elas se tornarão. Provavelmente há muitas coisas acontecendo na sua vida e, considerando seus outros compromissos, vai ser difícil reservar tempo suficiente para os exercícios deste livro, mas tente pensar no tempo como um investimento. Encontrar um tempo para isso agora pode liberar muito tempo e energia ao longo do caminho quando você chegar ao ponto em que será mais capaz de controlar sua ansiedade.

2. **Seja paciente** – muitas vezes, a ansiedade é desenvolvida como resultado de vários anos pensando e se comportando de forma particular. No entanto, isso não significa que não possa ser ajustado, mas leva tempo para mudar esses hábitos. Antecipe a frustração, mas seja paciente consigo mesmo se descobrir que algumas habilidades não funcionam imediatamente. Manter-se paciente e comprometido, mesmo quando os ganhos parecem pequenos no início, é essencial para mudar sua ansiedade.

3. **Use o apoio social** – ter o apoio de outras pessoas à medida que você avança neste livro pode contribuir muito para maximizar seus benefícios. Outras pessoas podem proporcionar motivação extra ou oferecer ideias sobre conceitos ou exercícios difíceis. Às vezes, simplesmente ter outra perspectiva pode ajudá-lo a ver sua ansiedade de forma diferente.

4. **Tenha cuidado com o perfeccionismo** – pessoas que sentem muita ansiedade frequentemente costumam ter uma forte necessidade de fazer as coisas com perfeição. Embora a busca pela excelência seja sempre um objetivo louvável, o perfeccionismo pode causar problemas quando faz com que as pessoas percam de vista o que é mais importante sobre o que elas estão trabalhando, ou, pior ainda, leva as pessoas a evitarem fazer algo importante porque estão preocupados em não conseguir fazê-lo perfeitamente. No final das contas, não há uma forma perfeita de realizar as habilidades apresentadas neste livro, portanto, tente o seu melhor!

5. **Faça funcionar para você** – este livro vai apresentar habilidades e estratégias desenvolvidas e testadas por especialistas no tratamento de transtornos de ansiedade, mas você é o especialista na sua própria vida. Não existe uma abordagem padronizada para transformar sua mente ansiosa, portanto, use o material deste livro da maneira que for melhor para você. Nós o encorajamos a experimentar cada habilidade abordada aqui, mas antecipamos que algumas funcionarão melhor para você do que outras.

PARCEIROS DO SEU LIVRO DE EXERCÍCIOS

Ao longo deste livro, você vai ler sobre as experiências de três pessoas que também sofrem de ansiedade, na esperança de que o ajude a aprofundar sua compreensão do material. Embora esses personagens sejam fictícios, as dificuldades que eles experimentam são comuns entre as pessoas que procuram tratamento para ansiedade. Leia sobre esses personagens a seguir e veja se você se identifica com alguns dos seus desafios.

Jill

Jill está na casa dos 30 anos e tem um emprego em uma empresa de consultoria. Ela trabalha muito, geralmente é uma das primeiras a chegar e a última a sair do escritório, além de trabalhar nos fins de semana, embora a maioria dos seus colegas não costume fazer isso. Em muitos aspectos, esse trabalho árduo foi recompensado ao longo da sua vida. Ela sempre se saiu bem na escola e tem trabalhado constantemente para progredir na empresa. Apesar do seu histórico, ela se preocupa constantemente, pensando que seu desempenho pode estar abaixo do esperado ou que não está fazendo o suficiente. Ela passa horas analisando uma apresentação em detalhes meticulosos, fazendo mudanças relativamente sem importância e progredindo e regredindo quanto à melhor maneira de fazer as coisas. Ela sempre está com seu telefone do trabalho em mãos e confere seus e-mails constantemente, sentindo necessidade de responder imediatamente a qualquer coisa relacionada a trabalho, mesmo que seja tarde da noite. Nos últimos anos, sua ansiedade em relação ao trabalho começou a causar problemas na sua vida pessoal. Ela evita fazer planos com os amigos, pois está ocupada com o trabalho, e muitas vezes cancela compromissos com os amigos no último minuto porque algo surge. Quando se encontra com eles, sua mente está no trabalho, a ponto de ter dificuldade de se divertir. Além disso, ela também está ansiosa devido ao fato de ainda estar solteira. Ela deseja ter um relacionamento, mas tem evitado encontros nos últimos anos por estar muito ocupada. A ideia de encontrar um relacionamento e adaptá-lo ao seu cronograma de trabalho intenso parece sufocante.

Elijah

Elijah é um estudante universitário em torno dos 20 anos que tem dificuldades significativas com procrastinação. Ele adia os trabalhos acadêmicos constantemente, porque esses o estressam, e quando trabalha em uma tarefa tende a ficar extremamente ansioso pela dúvida de estar fazendo um bom trabalho, o que leva a mais evitação. Embora tenha se saído muito bem na faculdade, Elijah recebeu algumas críticas severas do seu trabalho como estudante de graduação e agora acha que precisa entregar algo perfeito. Seu medo de fazer um trabalho ruim e sua consequente procrastinação fizeram com que ele fosse reprovado em algumas disciplinas e, portanto, terá que pagar um semestre extra para poder se formar. Como consequência, Elijah está enfrentando problemas financeiros, com dívidas de crédito estudantil e de cartões de crédito. Pensar em como ele vai quitar essas dívidas faz com que Elijah fique em pânico e, por isso, sua caixa de correspondência permanece fechada por meses, piorando ainda mais seus problemas financeiros. Ele mora com sua namorada, que tenta apoiá-lo, mas sua ansiedade muitas vezes faz com que ele fique muito irritado com ela, e seu relacionamento tem sido abalado por discussões nos últimos meses. Elijah tem dificuldade para dormir, revirando-se na cama a noite toda, e sente que sua mente não consegue "desligar". Então, ele se sente cansado durante o dia e tem dificuldade de se concentrar em seu trabalho e nas aulas.

Sofia

Sofia tem quase 60 anos, é casada e tem dois filhos, com 17 e 19 anos de idade. Ela se preocupa constantemente com a segurança e o bem-estar de seus filhos, especialmente o mais velho, que saiu de casa há pouco tempo para fazer faculdade. Ela telefona e manda mensagens para os filhos muitas vezes por dia e, se eles não respondem, ela presume o pior, o que geralmente envolve eles terem sofrido um terrível acidente. Ela se dá conta de que suas preocupações são irracionais, mas isso não acalma sua intensa ansiedade. Sofia também se sente sobrecarregada facilmente por pequenas coisas, como chegar aos lugares no horário ou concluir suas tarefas. Ela acha que nunca tem tempo suficiente para fazer algo e fica nervosa se acha que existe uma possibilidade de se atrasar para um compromisso, mesmo que sempre esteja muito adiantada. Ela não trabalha há anos por causa do estresse. Devido à sua ansiedade, Sofia costuma ter intensas dores de cabeça e no pescoço, que desencadeiam ainda mais preocupação sobre sua saúde física e mental. Ela já passou por uma série de procedimentos médicos nos últimos anos e se preocupa com o fato de seu corpo estar se deteriorando por causa do quanto ela se preocupa. Sofia passa muito tempo pesquisando na internet possíveis doenças físicas das quais ela pode estar sofrendo e marcou inúmeras consultas médicas porque estava convencida de que tinha um tumor no cérebro ou outro problema médico grave.

Você vai ouvir falar muito sobre Jill, Elijah e Sofia ao longo deste livro. Quando aprender mais sobre si mesmo, você também terá a chance de entender melhor como sua ansiedade funciona e como você pode obter ajuda com base nas estratégias que irá aprender.

PLANEJANDO E ACOMPANHANDO SEU PROGRESSO

Use o cronograma apresentado a seguir para planejar quando irá concluir cada seção do livro e acompanhar seu progresso (também disponível no *link* do livro em loja.grupoa.com.br).

REVISÃO DA SEÇÃO: PONTOS PRINCIPAIS

- Parabéns por começar este livro! Reconhecer sua ansiedade é o primeiro passo para aprender a lidar com ela.
- Este livro pode ajudá-lo a lidar com preocupações ansiosas que são difíceis de controlar e os problemas associados, como tensão muscular, dificuldade para dormir, irritabilidade e dificuldade de concentração.
- Este livro deve ser usado ativamente. Para aproveitá-lo ao máximo, pratique as técnicas que aprender de forma consistente, seja paciente, use o apoio social, tenha cuidado com o perfeccionismo e descubra como fazer essas técnicas funcionarem melhor para você.

Módulo	Data prevista para conclusão	Data de conclusão
Introdução – Como usar este livro		
Módulo 1 – Planejando sua jornada		
Seção I: Definição dos objetivos e motivação	_____	_____
Seção II: A natureza da ansiedade e preocupações	_____	_____
Seção III: Como a ansiedade ataca	_____	_____
Módulo 2 – Relaxamento consciente		
Módulo 3 – Repensando pensamentos		
Seção I: Superestimação da probabilidade	_____	_____
Seção II: Catastrofização	_____	_____
Módulo 4 – Preocupações sobre as preocupações		
Seção I: Atenção desfocada	_____	_____
Seção II: Adiamento da preocupação	_____	_____
Módulo 5 – Enfrentando cenários e imagens temidos		
Módulo 6 – Mudando comportamentos		
Módulo 7 – Progresso nos objetivos e prevenção de recaídas		

MÓDULO 1

Planejando sua jornada

As três seções deste primeiro módulo ajudarão a pintar um quadro de como será a sua jornada em direção à redução da sua ansiedade. Primeiro, você vai pensar sobre o que realmente deseja mudar na sua vida e por quê. Em segundo lugar, você vai aprender o que são exatamente ansiedade e preocupação e vai começar a monitorar as maneiras pelas quais elas afetam sua vida. Em terceiro lugar, você vai aprender sobre os diferentes componentes da ansiedade e como eles interagem para criar um ciclo vicioso. Ao final deste módulo, você terá o conhecimento fundamental de que precisa para começar a fazer algumas mudanças reais.

Seção I
Definição de objetivos e motivação

Esperamos que você esteja se sentindo entusiasmado e otimista quanto ao uso deste livro de exercícios para reduzir o impacto que a ansiedade tem na sua vida. No entanto, é importante reconhecer que mudar é difícil. Provavelmente você está lendo este livro porque formou padrões de pensamento e comportamento ansiosos que se desenvolveram há algum tempo. Talvez alguns desses hábitos até pareçam fáceis e confortáveis, pelo menos em comparação com a alternativa. A mudança também pode ser intimidadora, pois exige trabalho e esforço contínuos. Por isso, pode ser útil pensar sobre a sua motivação para lidar com a ansiedade e ser honesto consigo mesmo sobre os prováveis desafios. Isso serve como um lembrete explícito do que a redução da sua ansiedade pode fazer por você e pode ajudá-lo a antecipar possíveis barreiras para realmente fazer essa mudança.

Para ilustrar isso, vamos dar uma olhada na folha de exercícios de Sofia, em que ela listou os prós e contras de *mudar*, bem como os prós e contras de permanecer da mesma forma.

Prós de mudar	Contras de mudar
• Menos dores de cabeça e dor no pescoço • Não incomodaria tanto os meus filhos • Eu seria menos ansiosa, talvez pudesse voltar a trabalhar • Seria ótimo conseguir relaxar e me divertir um pouco mais	• Vivi toda a minha vida com a ansiedade, não sei quem eu seria sem ela • Tenho medo de tentar e fracassar • Já estou ocupada e estressada, não sei se tenho tempo

Prós de permanecer igual	Contras de permanecer igual
• É familiar • Minha ansiedade sobre os outros me torna uma pessoa cuidadosa, e não quero desistir disso	• Ficar ansiosa o tempo todo é cansativo • Vou continuar passando boa parte do meu tempo me preocupando • Minha ansiedade vai continuar a afetar minha saúde física

Você pode ver que Sofia tem muitos bons motivos para mudar, e há alguns custos significativos se não fizer nada sobre sua ansiedade. Ao mesmo tempo, ela enfrentará desafios se decidir fazer uma mudança. Como Sofia, muitas pessoas sentem que a ansiedade faz parte da sua identidade e contribui para algumas de suas qualidades, como ser cuidadosa. Além disso, a incerteza da mudança pode ser preocupante. Para usar a expressão popular, a ansiedade é *o mal conhecido*. Não é divertida, mas pelo menos é familiar. E o medo do fracasso de Sofia também é comum. Às vezes as pessoas se preocupam com o fato de que se fizerem alguma coisa sobre sua ansiedade e não funcionar, isso significa que elas ficarão ansiosas para sempre, o que seria ainda pior. Embora você provavelmente possa entender por que a lógica por trás disso é problemática, a preocupação com o fracasso e os sentimentos associados a impotência são típicos de pessoas com ansiedade.

PENSANDO SOBRE MUDANÇA

Apesar de todos esses custos e possíveis desafios, pergunte-se: "Parece que uma mudança valeria a pena para Sofia?". Depois, pergunte-se: "Por que eu quero trabalhar na minha ansiedade?". Preencha o quadro a seguir para identificar seus próprios motivos para mudar e as dificuldades que você prevê. Tente encontrar o maior número possível de motivos, mesmo que pareçam pequenos ou insignificantes. Esta folha de exercícios está disponível no material complementar do livro em loja.grupoa.com.br.

Prós de mudar	Contras de mudar

Prós de permanecer igual	Contras de permanecer igual

Reveja o que você escreveu no quadro. A mudança parece valer a pena? Escreva a seguir por que sim ou não.

___

___

___

___

Esperamos, neste ponto, que você pense que os prós superam os contras, mas, se estiver com dúvidas sobre a mudança, saiba que isso também é normal. A razão deste exercício é, primeiramente, que você se dê conta de todas as razões que tem para querer mudar. Mas também é bom ter ciência de que algumas coisas podem atrapalhar. Conforme você for avançando neste livro de exercícios, esperamos que perceba que alguns dos contras de mudar não são tão preocupantes, afinal de contas. Por exemplo, iremos falar sobre como mudar a sua ansiedade não significa mudar quem você é. Você também terá a oportunidade de ver por si mesmo se o tempo que investe na prática das habilidades neste livro compensa (temos certeza que sim!), mesmo que seja difícil encaixá-las em uma vida atribulada. É normal que a motivação tenha oscilações ou que surjam dúvidas, mas não use isso como um motivo para abandonar seus esforços. Em vez disso, retorne ao que escreveu no quadro anterior e lembre-se das suas importantes razões para mudar.

DEFINIÇÃO DE OBJETIVOS

Outra maneira útil de se motivar para a mudança é definir objetivos. Simplesmente escrevê-los pode reforçar o quanto você trabalha duro para alcançá-los e, assim, aumentar a probabilidade de atingi-los (Webb & Sheeran, 2006). O tipo de objetivos que você define para si mesmo, no entanto, impactará sobre o quão útil o objetivo será. Por exemplo, você pode ter o seguinte objetivo para si mesmo:

Não quero me sentir ansioso.

Se é isso o que você espera, está lendo o livro certo! Mas há problemas em estabelecer um objetivo como este. Pesquisas mostram que os objetivos mais efetivos são 1) específicos e concretos; e 2) desafiadores, mas realistas (Locke & Latham, 2002). O objetivo anterior certamente não é muito específico. Por exemplo, em que tipos de situações você não quer se sentir ansioso? Há certas coisas que desencadeiam sua ansiedade e nas quais você particularmente gostaria de trabalhar? Como seria não se sentir ansioso? Ou, em outras palavras, o que seria tangivelmente diferente na sua vida se você não se sentisse tão ansioso? Esses tipos de perguntas podem ajudá-lo a ter objetivos mais concretos, identificando os aspectos específicos da sua vida que você gostaria de mudar. Ao idealizar esses objetivos específicos, você poderá avaliar melhor se os atingiu ou não. Um bom objetivo é algo que você pode riscar de uma lista após atingi-lo.

O segundo problema com o objetivo anterior é que ele não é muito realista, o que pode facilitar a perda de motivação. Embora sentir ansiedade nunca possa parecer bom, essa meta não é algo que alguém provavelmente atingiria (nem é necessariamente desejável, como falaremos a respeito na próxima seção). Portanto, em vez de pensar em se livrar completamente da ansiedade, tente pensar em alguns desfechos realistas e alcançáveis de como seria a sua vida se a ansiedade tivesse menos interferência.

Para ter ideia de como é isso, analise os objetivos listados por Jill, Elijah e Sofia. Você pode observar que eles começam um pouco mais amplos, mas são seguidos por descrições específicas, observáveis e atingíveis de como seria alcançar objetivos mais amplos.

Jill

Objetivo: criar um equilíbrio mais saudável entre trabalho e vida pessoal.

Como seria isso? Como você saberia quando tivesse chegado lá? Seja específico e concreto.

1. Sair com amigos pelo menos uma vez por semana.
2. Não pegar meu telefone de trabalho enquanto socializo ou relaxo.
3. Criar um perfil de namoro on-line e ter pelo menos três encontros.
4. Sair do trabalho na hora para uma aula noturna de ioga pelo menos duas vezes por semana.

Observe que o objetivo de Jill não é especificamente sobre ansiedade. É sobre algo que ela deseja que seja diferente em sua vida, mas a ansiedade está atrapalhando. Isso pode ser útil porque pensar sobre como seria a vida se a ansiedade não interferisse tanto pode ser um motivador mais forte do que simplesmente não se sentir ansiosa em certas situações.

Elijah

Objetivo: parar de procrastinar tanto e começar a fazer meus trabalhos da faculdade.

Como seria isso? Como você saberia quando tivesse chegado lá? Seja específico e concreto.

1. Passar em todas as disciplinas no próximo semestre.
2. Investir pelo menos 30 minutos nos trabalhos acadêmicos todas as noites, exceto aos finais de semana.

3. Reduzir a ansiedade sobre ter minhas tarefas criticadas para que eu possa concluí-las dentro do prazo.

4. Encontrar e conversar com meus professores duas vezes por semestre.

O objetivo de Elijah começa como algo bastante geral ("começar a fazer meus trabalhos da faculdade"), mas ele se restringe a objetivos mais concretos. Elijah também inclui um objetivo (nº 3) sobre redução da ansiedade, mas isso é muito específico para uma situação particular, e ele esclarece o que gostaria de ser capaz de atingir como resultado (concluir as tarefas dentro do prazo). Ele também segue com uma estratégia específica que pode ser usada para ajudar nessa ansiedade.

Sofia

Objetivo: prevenir que estresses menores se transformem em grandes ataques de ansiedade.

Como seria isso? Como você saberia quando tivesse chegado lá? Seja específico e concreto.

1. Observar minha ansiedade mais cedo para que eu possa evitar que minhas emoções aumentem.

2. Usar estratégias de relaxamento para acalmar meus nervos.

3. Priorizar tarefas em uma lista quando sentir que tenho muitas coisas para fazer.

4. Limitar o número de vezes por dia que faço contato com meus filhos por ligação ou mensagem.

Se você for alguém como Sofia, que se preocupa muito com uma grande quantidade de pequenas coisas no seu dia a dia, pode ser mais desafiador ter objetivos específicos. Estabelecer metas sobre como você percebe e responde a esses estressores menores pode ser útil.

Agora que você já viu alguns exemplos, comece a pensar nos seus próprios objetivos e escreva-os no espaço a seguir. Isso pode ser difícil, portanto, não tenha pressa. Considere as áreas em que a ansiedade é mais angustiante e identifique o que você gostaria de fazer na sua vida se a ansiedade tivesse menos interferência. Então, seja específico e concreto sobre o que seria preciso para chegar lá. Não tenha medo de revisitar esta seção enquanto for avançando neste livro de exercícios e acrescente objetivos adicionais. Esta folha de exercícios está disponível no material complementar do livro em loja.grupoa.com.br.

FOLHA DE EXERCÍCIOS: DEFININDO OBJETIVOS

Objetivo nº 1: _____

Como seria isso? Como você saberia quando tivesse chegado lá? Seja específico e concreto.

1. _____

2. _____

3. _____

4. _____

5. _____

Objetivo nº 2: _____

Como seria isso? Como você saberia quando tivesse chegado lá? Seja específico e concreto.

1. _____

_____

2. _____

_____

3. _____

_____

4. _____

_____

5. _____

_____

Objetivo nº 3: _____

Como seria isso? Como você saberia quando tivesse chegado lá? Seja específico e concreto.

1. _____

   _____

2. _____

   _____

3. _____

   _____

4. _____

   _____

5. _____

   _____

REVISÃO DA SEÇÃO: PONTOS PRINCIPAIS

- Mudar a maneira como você responde à ansiedade pode ser difícil, portanto, reveja os prós da mudança e os contras de permanecer da mesma forma. Geralmente há bons motivos para você trabalhar na sua ansiedade!
- É natural ter sentimentos contraditórios ou confusos em relação à mudança. Não deixe que isso o desvie do seu objetivo. Esteja preparado para os possíveis obstáculos e continue!
- Para se manter motivado, escreva objetivos concretos, observáveis e atingíveis, e identifique o que você gostaria de realizar ao trabalhar na sua ansiedade. Revisite seus objetivos frequentemente à medida que avança neste livro.

PRATIQUE EM CASA

- **Reflexão:** reflita sobre suas razões para mudar e escreva seus objetivos.

Seção II
A natureza da ansiedade e preocupações

Agora que você está orientado para o livro de exercícios e definiu alguns objetivos, é hora de responder à pergunta: o que exatamente é a ansiedade? Esta pode parecer uma questão básica, mas definir a ansiedade, reconhecer por que ela existe e compreender como ela se torna problemática estabelecerá uma estrutura para aprender a melhor forma de intervir. Vamos começar pelo básico.

O PROPÓSITO DA ANSIEDADE

A ansiedade é uma emoção experimentada por todos, que nos alerta para um possível perigo. É como um sistema de alarme no nosso corpo e é essencial para a nossa sobrevivência. Por exemplo, a ansiedade nos leva a sair do caminho se um carro estiver vindo em nossa direção, recuar se virmos uma cobra venenosa ou evitar nadar no oceano se houver uma tempestade. Em casos extremos, a ansiedade nos ajuda a evitar situações que oferecem risco à vida. Em cenários menos extremos, a ansiedade nos ajuda a nos prepararmos para uma ameaça a algo com o qual nos importamos. Por exemplo, ela pode nos encorajar a começarmos a nos preparar com antecedência para uma apresentação ou entrar em contato com um membro da família que já deveria estar em casa há uma hora. Como a ansiedade tem uma função muito importante, nosso objetivo não é eliminá-la completamente. O que queremos é ser capazes de distinguir entre quando a ansiedade está nos ajudando e quando está nos prejudicando.

O QUE TORNA A ANSIEDADE PROBLEMÁTICA?

A ansiedade é problemática quando uma ou ambas as afirmações a seguir são verdadeiras: 1) ela interfere no seu funcionamento; ou 2) ela causa mais estresse do que a situação justifica. Por exemplo, vamos considerar a situação de Jill. Às vezes, sua ansiedade é útil porque faz com que ela trabalhe muito para cumprir prazos, produza um trabalho de alta qualidade e mantenha seu emprego. No entanto, quando a ansiedade se intensifica, Jill fica até tarde no trabalho tentando garantir que tudo esteja perfeito; tem dificuldade de se concentrar ou de tomar decisões, o que causa erros por descuido; e tem problemas para dormir porque fica preocupada com o que precisa fazer no dia seguinte. Tudo isso às custas da sua vida social. A ansiedade de Jill deixa de ser adaptativa e passa a ser problemática porque a impede de fazer coisas que são importantes para ela (ver seus amigos) e interfere na qualidade do seu trabalho.

Para Sofia, sua ansiedade quanto ao bem-estar dos filhos a incentiva a se engajar em um comportamento que reflete uma mãe carinhosa e atenciosa. No entanto, quando ela manda mensagens para seu filho mais velho, que está na faculdade, e não recebe uma resposta em poucas horas, ela começa a imaginar que algo horrível tenha acontecido. Então, Sofia começa a enviar mensagens excessivamente, o que faz com que seu filho fique irritado com ela. Sua resposta à ansiedade é problemática, pois a situação começa a causar muito mais estresse do que é justificado e isso prejudica o relacionamento.

A seguir, listamos algumas áreas em que a ansiedade geralmente causa interferência ou provoca grande estresse. Reserve alguns minutos para identificar as maneiras pelas quais a ansiedade se torna problemática para você e as anote no espaço reservado.

TRANSTORNO DE ANSIEDADE GENERALIZADA: O QUE É? EU TENHO?

O transtorno de ansiedade generalizada (TAG) é um tipo de transtorno de ansiedade que inclui uma combinação de sintomas que constituem uma das formas mais comuns de ansiedade problemática. Embora os critérios diagnósticos exatos sejam mais detalhados do que isso, para nossos propósitos há duas características principais do TAG:

1. preocupação excessiva que parece incontrolável;
2. alta tensão física.

Vamos começar falando sobre preocupação. *Preocupação é uma resposta de pensamento disfuncional a um problema potencial.* Quando as pessoas se preocupam, elas tendem a focar em possíveis desfechos ruins ou coisas que poderiam dar errado. Elas também podem pensar sobre o que deveriam fazer sobre uma situação, mas *na verdade não estão fazendo nada ou realmente trabalhando para uma solução.* A preocupação é como um disco quebrado: você mantém os mesmos pensamentos girando repetidamente na sua mente, mas não está avançando. Para indivíduos com TAG, a preocupação é muito difícil de controlar, então, depois que sua mente começa a se preocupar, ela não para. Na verdade, muitas vezes ela aumenta, começando com o que poderia ser um desfecho negativo relativamente sem importância e, em seguida, disparando para um conjunto de preocupações cada vez mais sérias e extremas que começam a parecer possibilidades legítimas.

ÁREAS DE INTERFERÊNCIA E ESTRESSE POR ANSIEDADE
Trabalho ou escola _____
_____
_____
Família _____
_____
_____
Vida social _____
_____
_____
Saúde física _____
_____
_____
Outras _____
_____
_____

É comum ouvirmos as pessoas dizerem que sua mente está "constantemente acelerada" ou que seus pensamentos são "difíceis de desligar".

A preocupação também tem uma irmã gêmea, a ruminação, que envolve pensar repetidamente sobre algo negativo que aconteceu *no passado*. A diferença é que preocupação é sempre sobre o futuro. A preocupação e a ruminação muitas vezes vêm de mãos dadas – ruminar sobre um erro no passado faz com que você se preocupe em cometer o mesmo erro no futuro –, e ambas são improdutivas.

O segundo sintoma principal do TAG é a alta tensão física. Normalmente, ela se manifesta como tensão muscular e intensas dores de cabeça, mas a tensão também pode provocar distúrbios gastrintestinais, náuseas, fadiga, dores musculares ou agitação. Quando seu corpo está constantemente tenso, também fica difícil dormir, se concentrar ou tomar decisões, e isso pode fazer você se sentir tenso, nervoso e irritado. Às vezes, esses sintomas coincidem claramente com períodos agudos de ansiedade elevada, como sentir-se nauseado e com dificuldade de se concentrar antes de uma grande apresentação. No entanto, muitos desses sintomas são resultado da tensão acumulada por estresse crônico e preocupação.

Então, você tem TAG? Em última análise, essa pergunta deve ser respondida por um profissional de saúde mental por meio de uma entrevista clínica, mas se a preocupação excessiva e os altos níveis de tensão física estiverem constantemente presentes na sua vida, você pode ter TAG. Na verdade, o mais importante não é se você atende aos critérios para TAG, mas o que você escreveu na seção anterior sobre a interferência e o estresse que a ansiedade causa em você. Se preocupação e tensão física estiverem causando prejuízos na sua vida, então é necessário fazer algo a respeito da sua ansiedade; portanto, continue lendo!

POR QUE TENHO TANTA ANSIEDADE?

À medida que as pessoas aprendem mais sobre ansiedade, surge uma pergunta comum: por que isso é um problema para mim? Você provavelmente conhece pessoas que nunca parecem intimidadas por nada, ou que, mesmo que fiquem ansiosas às vezes, isso não se transforma em uma grande provação. Então, o que torna você diferente? Usaremos a seguinte fórmula para entender isso melhor.

Ansiedade problemática = vulnerabilidade + estresse

Por vulnerabilidade, nos referimos a um amplo leque de fatores biológicos, de desenvolvimento e de personalidade que tornam alguém mais suscetível a desenvolver altos níveis de ansiedade. As vulnerabilidades, por si só, não causam problemas, mas, sob certas condições, colocam determinadas pessoas em maior risco para ansiedade problemática. Listamos a seguir os fatores de vulnerabilidade comuns. Leia a lista atentamente e marque aqueles que são relevantes para você ao considerar suas próprias vulnerabilidades. Esta lista não é definitiva, portanto, acrescente na parte inferior outros fatores que lembrar.

Fatores de vulnerabilidade para ansiedade

- ☐ Membros da família com ansiedade significativa ou outros problemas de saúde mental (genéticos)
- ☐ Pais ou outros cuidadores durante o crescimento que eram ansiosos e foram modelos de comportamento ansioso
- ☐ Circunstâncias instáveis na vida durante o crescimento (pobreza, instabilidade, abuso)
- ☐ Perfeccionismo
- ☐ Ter padrões elevados
- ☐ Sensibilidade emocional (sentir as emoções mais intensamente, ser sensível)
- ☐ Dificuldade de tolerar incerteza
- ☐ Altos níveis de escrupulosidade
- ☐ Neuroticismo
- ☐ Aversão ao risco
- ☐ Medo de falhar
- ☐ Outro: _____
- ☐ Outro: _____

Você pode notar que algumas dessas características não são necessariamente negativas. Padrões elevados e perfeccionismo podem ajudá-lo a se destacar em algumas situações. Pessoas emocionalmente sensíveis geralmente são atenciosas e empáticas. Escrupulosidade envolve ser responsável e fazer as coisas de maneira integral e cuidadosa. Mudar a sua ansiedade não significa abrir mão desses traços completamente, mas essas são características que, em determinadas circunstâncias, como em situações sob altos níveis de estresse, podem acabar causando níveis de ansiedade problemáticos. Queremos reduzir o grau em que esses fatores impulsionam sua ansiedade, ajudando você a aprender algumas formas diferentes de pensar e se comportar em resposta ao estresse.

A segunda parte da nossa fórmula que pode levar à ansiedade problemática é o estresse. Aqui definimos o estresse de forma ampla, como qualquer perturbação no *status quo*. O estresse pode ser agudo (como um prazo ou uma compra necessária inesperada) ou crônico (como um trabalho que demande bastante ou problemas financeiros constantes). O estresse pode ser antecipado (como uma consulta médica futura) ou imprevisto (tomar conhecimento de repente sobre o diagnóstico de câncer de uma pessoa amada). O estresse também pode estar associado a um evento positivo (como se casar ou iniciar um novo programa acadêmico) ou negativo (como se divorciar ou ser reprovado na escola). Com frequência, durante períodos de estresse mais intenso, a ansiedade aumenta. Sofia, por exemplo, tem histórico de problemas médicos. Embora não haja nenhum problema no momento, o estresse de ter lidado com isso no passado desencadeou muita ansiedade para ela, fazendo com que continue a se preocupar que algo possa voltar a acontecer. Para Elijah, a transição para o curso superior foi um grande estressor. Ele sempre teve boas notas na escola e conseguia evitar a procrastinação porque as tarefas não eram tão difíceis para ele. Agora, as expectativas na universidade são mais altas, tanto por parte dos seus professores como de si mesmo, criando uma suscetibilidade muito maior a altos níveis de ansiedade.

Pense sobre os estressores que podem ter contribuído para a sua ansiedade no passado e sobre os que estão na sua vida agora, e anote-os nos espaços a seguir. Lembre-se de que um estressor não precisa ser monumental ou catastrófico para afetar sua ansiedade. Por exemplo, ter dois filhos adolescentes é um estressor constante para Sofia, ao passo que simplesmente ter amigos no contexto de um trabalho agitado é um estressor para Jill.

Estressores que contribuem para a ansiedade

Estressores do meu passado:

- _____
- _____
- _____
- _____
- _____
- _____

Estressores atuais:

- _____
- _____
- _____
- _____
- _____
- _____

Por fim, para entender por que sua ansiedade se tornou um problema, considere como os fatores de vulnerabilidade interagem com seus estressores. Para Elijah, as altas expectativas dos professores, a dificuldade dos seus trabalhos na faculdade e as críticas que recebeu em suas tarefas anteriores naturalmente causam estresse. Entretanto, o fato de ele ser perfeccionista agrava esse estresse e leva à procrastinação (porque evitar é mais fácil do que lidar com a ansiedade de criar algo perfeito). Analise as listas das vulnerabilidades e os estressores anteriores e observe eles interagem para você.

Você pode pensar que, para lidar com a ansiedade problemática, é preciso alterar os elementos da equação; no entanto, seus fatores de vulnerabilidade já fazem parte de quem você é, e você não vai tentar mudar isso completamente. Embora você possa se esforçar para reduzir os estressores que experimenta, não pode controlar tudo o que acontece, tornando o estresse uma parte inevitável da vida. Além disso, focar excessivamente na redução do estresse pode prejudicar outras coisas que você valoriza (p. ex., Sofia evita voltar ao trabalho porque acha que será muito estressante). Em vez disso, você irá abordar como *reage* ao estresse. Para fazer isso, vamos voltar ao conceito de preocupação.

VOLTANDO À PREOCUPAÇÃO: PREOCUPAÇÃO *VERSUS* SOLUÇÃO DE PROBLEMAS

Lembre-se de que preocupação é uma resposta ao pensamento problemático que surge no contexto de um possível problema e contrasta com a solução de problemas, que envolve tomar providências para abordar uma situação. A preocupação mantém nossa mente tentando pensar em um caminho para resolver um problema, mas ela não é produtiva ou direcionada para um objetivo. Você lembra da analogia do disco quebrado? A preocupação não nos faz avançar.

Por exemplo, às vezes Elijah se preocupa com o que seu professor irá pensar sobre seu trabalho quando ele está tentando escrever um artigo. Ele passa muito tempo pensando sobre o que escreveu, se é adequado, se ele pode ter esquecido de algo que o professor disse em aula e o que irá acontecer se ele tirar uma nota ruim no trabalho. Este é um claro ciclo de preocupação, pois Elijah está pensando sobre o que pode acontecer e não está fazendo nenhum progresso no trabalho. Nessa situação, a solução de problemas pode ser algo como agendar um horário para conversar com o professor sobre o trabalho, pedir que um colega leia seu trabalho ou se comprometer a escrever por um período de 30 minutos por dia. Não há garantia de que essas alternativas irão funcionar, mas elas dão a Elijah uma chance de resolver seu problema, e essas ações interrompem o ciclo da preocupação, o que também é muito importante.

Para esclarecer a diferença entre preocupação e solução de problemas, veja os exemplos 1 e 2 no quadro a seguir. Em seguida, para os exemplos 3 e 4, tente identificar como seria a preocupação e a solução de problemas nas situações exemplificadas e escreva nos espaços em branco. Depois, preencha os espaços 5 e 6 com situações que geram preocupação para você e identifique como seriam as preocupações e a solução dos problemas nesses casos.

Há inúmeras coisas plausíveis que você pode anotar para as situações 3 e 4, mas, caso tenha algum problema, na situação 3, a preocupação de Jill teria envolvido passar muito tempo pensando em como ela está decepcionando sua amiga ou incomodando seu chefe, enquanto a solução do problema poderia ser pedir um dia a mais para o prazo de entrega do relatório, dizer ao seu chefe que irá responder aos *e-mails* no dia seguinte ou perguntar à sua amiga se elas podem se encontrar 30 minutos mais tarde. Para a situação 4, a preocupação poderia ter levado você a se questionar constantemente se havia feito algo de errado e arruinado sua amizade, enquanto a solução do problema poderia ter sido tão simples quanto perguntar à sua amiga se ela ficou ofendida e pedir desculpas.

É claro que é mais fácil pensar em soluções para um problema quando você está afastado dele, e é mais difícil resolvê-lo quando você está sentindo bastante ansiedade. O objetivo principal desse exercício não é testar suas habilidades de solução de problemas, mas ajudá-lo a esclarecer a diferença entre preocupação e solução de problemas. Se você conseguir fazer essa distinção, estará muito mais bem preparado para reconhecer quando estiver se preocupando. Melhorar essa habilidade é fundamental, pois identificar a preocupação é um dos primeiros passos para ser capaz de mudá-la.

	Situação	Preocupação	Solução do problema
1.	Elijah está tentando dormir, mas seus pensamentos sobre sua situação financeira ficam vindo à sua mente.	Pensa repetidamente na sua dívida e em quanto tempo levará para quitá-la.	Programa um horário para analisar suas contas e começa a fazer um planejamento financeiro.
2.	Sofia teve um dia agitado e não terá tempo para fazer o jantar que planejou para alguns convidados.	Pensa em como seus convidados provavelmente ficarão desapontados e como isso vai arruinar a noite.	Informa os convidados sobre a mudança de planos para o cardápio e busca uma sobremesa para compensar.
3.	Jill tem um relatório para entregar até o fim do dia, vários *e-mails* não respondidos do seu chefe e está tentando sair do trabalho às 18h para se encontrar com uma amiga.		
4.	Você disse algo que pode ter ofendido uma amiga, ela foi embora da festa logo depois que você disse aquilo e não fala com você há duas semanas.		
5.			
6.			

AUTOMONITORAMENTO

Conforme mencionado anteriormente, ser capaz de observar quando você está se preocupando é uma parte importante na redução da sua ansiedade. Portanto, vamos pedir que você faça um automonitoramento da ansiedade durante a próxima semana. Você pode estar pensando: "Eu já sei que sou ansioso, por que preciso monitorar isso?", mas há inúmeras razões pelas quais isso pode ser muito útil:

1. Você terá mais consciência de quando se preocupa, com o que se preocupa, quais são seus principais gatilhos e com que frequência isso acontece. Não é incomum que as pessoas se deem conta de que se preocupam muito mais do que imaginavam.
2. Monitorar sua ansiedade, quando você faz isso *no momento*, pode ajudar a interromper o processo de preocupação. Observar, monitorar e entender sua ansiedade é um passo em direção à solução do problema.
3. Monitorar sua ansiedade pode ajudá-lo a acompanhar seu progresso à medida que avança neste livro.

Classificando sua ansiedade

Como parte do automonitoramento, você irá classificar a intensidade da sua ansiedade usando a escala de unidades subjetivas de desconforto (SUDS, do inglês *subjective units of distress scale*). A SUDS é classificada em uma escala de 0 a 100, e incluímos alguns apoios neste diagrama para ajudá-lo a fazer suas classificações. Faremos referência às classificações da SUDS ao longo deste livro e pediremos que você as registre para vários exercícios que irão ajudá-lo a monitorar sua ansiedade.

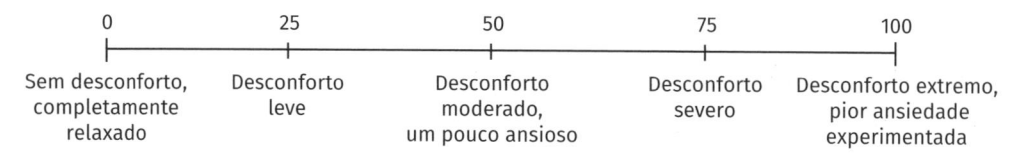

0	25	50	75	100
Sem desconforto, completamente relaxado	Desconforto leve	Desconforto moderado, um pouco ansioso	Desconforto severo	Desconforto extremo, pior ansiedade experimentada

FIGURA 1.1 Escala de unidades subjetivas de desconforto (SUDS).

Nas próximas páginas, você verá o formulário de automonitoramento que usará esta semana, junto com mais detalhes sobre como preenchê-lo.

REVISÃO DA SEÇÃO: PONTOS PRINCIPAIS

- A ansiedade é uma emoção universal que nos alerta para a possibilidade de perigo, mas se torna problemática quando começa a interferir em nosso funcionamento ou a causar sofrimento excessivo.

- A ansiedade problemática resulta de uma combinação de estresse e fatores de vulnerabilidade (genética, como você foi criado, características de personalidade).

- O TAG tem dois componentes principais: preocupação excessiva que parece incontrolável e tensão física (tensão muscular, dificuldade de concentração, irritabilidade, insônia, fadiga).

- A preocupação é uma resposta ao pensamento disfuncional para um problema potencial que piora a ansiedade. A solução de problemas é a melhor alternativa à preocupação e envolve a tomada de decisões em direção a uma solução.

PRATIQUE EM CASA

- **Automonitoramento:** preencha o formulário de automonitoramento a seguir, registrando pelo menos uma preocupação por dia. Você pode fazer isso quando os pensamentos surgirem durante o dia ou ao final do dia, como uma reflexão. Se não tiver o formulário com você, anote suas preocupações no telefone ou em outro lugar, e então os registre mais tarde. Enquanto proceder dessa forma, o mais importante é se automonitorar consistentemente e *no momento*. Esta folha de exercícios está disponível no material complementar do livro em loja.grupoa.com.br.

FORMULÁRIO DE AUTOMONITORAMENTO

Data e hora	Pensamento de preocupação	Tempo gasto com a preocupação	SUDS (0-100)
24 de agosto, 23h	[Elijah] Se eu não tirar um A neste trabalho, nunca vou me formar.	1 hora	70

Seção III

Como a ansiedade ataca

Elihaj finalmente se senta no domingo à noite para escrever seu trabalho final do semestre, que deve ser entregue na terça-feira. Ele pretendia começar a trabalhar nisso na primeira hora da manhã, mas o dia passou muito rápido. Ele só conseguiu pegar no sono muito tarde na noite anterior, então dormiu durante toda a manhã, almoçou sem pressa com sua namorada, decidiu limpar um pouco a casa, lavou algumas roupas que estavam acumuladas e foi ao mercado. Depois, ele passou uma hora organizando sua escrivaninha para que tivesse um espaço de trabalho impecável. Durante todo o dia ele sabia, no fundo da sua mente, que deveria estar fazendo o trabalho, mas justificou os atrasos dizendo que pelo menos estava fazendo alguma coisa. Além disso, cada vez que pensava em escrever o trabalho, ele sentia um frio na barriga, o que o fazia procurar outra coisa "produtiva" para se distrair. Quando Elijah liga seu computador, às 20 horas, e encara a página em branco, o frio na barriga ainda está ali, só que agora está ainda pior. Ele pensa no quanto terá que escrever no dia seguinte, no C que tirou nos dois últimos trabalhos nessa disciplina porque os entregou com atraso, e no outro C que não pode receber ou estará em risco de ter sua bolsa de estudos cancelada. Ele tenta escrever algumas frases, mas não consegue ir muito longe. O frio na barriga e todos os pensamentos ansiosos que passam pela sua cabeça dificultam sua concentração, e ele está começando a ficar nervoso e inquieto. Tudo se torna um fardo e ele decide navegar nas redes sociais. Uma hora depois, ele retoma seu trabalho e vê que escreveu apenas três frases...

O CICLO DA ANSIEDADE

Na última seção, falamos sobre como a preocupação excessiva e a tensão física transformam a ansiedade, de uma experiência normal e necessária, em algo que causa muitos problemas. Nesta seção, discutiremos como a ansiedade pode assumir o controle e nos desviar completamente dos nossos objetivos. Como exatamente a ansiedade impediu que Elijah escrevesse mais do que algumas frases no seu trabalho quase 12 horas depois do que pretendia começar? O que faz com que seja tão difícil romper o ciclo da ansiedade? Muitas vezes, as pessoas se sentem impotentes para fazer algo em relação à sua ansiedade. O que dá esse poder a ela?

Para responder a essas perguntas, primeiramente, precisamos subdividir a ansiedade em partes diferentes. Os três componentes da ansiedade são *cognitivo, físico* e *comportamental*. Depois de entendermos como esses componentes interagem, as coisas começarão a fazer mais sentido e nos darão um quadro mais claro de como podemos intervir. Ao final desta seção, você terá maior noção do que é a ansiedade, como ela atrapalha e um roteiro de como pode contorná-la, que deve deixar tudo mais claro.

O componente cognitivo da ansiedade

A parte cognitiva da ansiedade é o que passa pelas nossas cabeças, ou seja, nossos pensamentos ansiosos. Já abordamos o componente cognitivo na última seção quando falamos sobre a preocupação, porque preocupar-se produz muitos pensamentos ansiosos (lembre-se de que toda a preocupação está na nossa cabeça). Quando estamos ansiosos, nossos pensamentos geralmente são sobre algo que poderia dar errado ("Vou me atrasar!") ou, se alguma coisa já deu errado, o que isso vai implicar no futuro ("Meu chefe está incomodado comigo, vou ser despedido!"). Às vezes, as pessoas têm dificuldade em identificar seus pensamentos quando estão ansiosas, especialmente se sua ansiedade é dominada por sensações físicas. Pense nisso dessa forma: se minha ansiedade pudesse falar, o que ela diria? Com o que ela está preocupada que aconteça? Pensamentos ansiosos muitas vezes soam assim: "E se...?" ou "Se ... acontecer, então ...!".

A seguir, apresentamos alguns exemplos dos pensamentos ansiosos que Elijah provavelmente teve enquanto tentava escrever seu trabalho. Veja se você encontra alguns pensamentos adicionais para se familiarizar com a identificação do componente cognitivo da ansiedade. Seja criativo e invente algumas situações, ou imagine o que você estaria pensando se estivesse no lugar dele.

- Vou receber uma nota baixa de novo.
- Estou tão ansioso que não consigo focar.
- _____
- _____

Outros pensamentos que podem ter passado pela cabeça de Elijah incluem "Vou ser reprovado na disciplina e perder minha bolsa de estudos" ou "Não vou conseguir terminar isto a tempo, de jeito nenhum". Você pode notar que os pensamentos ansiosos tendem a ser extremos. Por exemplo, provavelmente não é verdade que, de jeito nenhum, Elijah conseguirá terminar seu trabalho a tempo. Entretanto, quando esse é o tipo de pensamento que surge, é fácil entender por que Elijah se sentiria ansioso. Você aprenderá mais sobre os diferentes tipos de padrões de pensamento, denominados "armadilhas do pensamento", e como eles contribuem para a ansiedade no Módulo 3.

Por enquanto, leia atentamente a lista dos pensamentos ansiosos comuns a seguir, marcando aqueles que tendem a surgir para você e acrescentando outros que você imagine.

- ☐ Minha amiga não respondeu à minha mensagem; provavelmente ela está incomodada comigo.
- ☐ É quase certo que tenho uma condição médica séria.
- ☐ Se eu não fizer isto perfeito, meu chefe vai pensar mal de mim e posso perder meu emprego.
- ☐ [Alguém com quem me preocupo] está atrasado; provavelmente aconteceu algo terrível.
- ☐ E se eu esquecer algo importante? Tudo estará arruinado!
- ☐ Estou ansioso demais para conseguir fazer algo agora.
- ☐ Provavelmente vou fazer um trabalho ruim sobre isso.
- ☐ Não sei o que vai acontecer, então preciso estar preparado para tudo.
- ☐ _____
- ☐ _____
- ☐ _____
- ☐ _____
- ☐ _____

O componente físico da ansiedade

A parte física da ansiedade é o que acontece em nossos corpos. Lembre-se de que o propósito da ansiedade é nos alertar para um possível perigo. Uma das formas de nosso cérebro fazer isso é mudando nossa sensação corporal. Se nos encontrássemos em uma situação de risco de vida – por exemplo, encontrando uma cobra venenosa –, nossos músculos ficariam tensos instantaneamente, nosso coração começaria a bater forte para aumentar o fluxo sanguíneo e nosso sistema nervoso seria ativado para nos ajudar a minimizar ou evitar a ameaça, lutando ou fugindo. Isso também acontece em situações menos extremas, e existem várias maneiras de nossos corpos tentarem nos alertar sobre algo que possivelmente dará errado. Para Elijah, o frio na barriga era a sensação física mais evidente, e ele também se sentia nervoso e inquieto.

Como você sente seu corpo quando fica ansioso? Veja a seguir a lista de sensações físicas comuns relacionadas à ansiedade e marque aquelas que se aplicam a você:

☐ Coração palpitante ou acelerado

☐ Transpiração

☐ Mandíbulas cerradas

☐ Náusea

☐ Frio na barriga

☐ Calor excessivo

☐ Dor ou aperto no peito

☐ Dor de cabeça tensional

☐ Sensação de formigamento ou espasmos musculares

☐ Sensação de inquietação ou nervosismo

☐ Desconforto gastrintestinal

☐ Agitação ou tremor

☐ Falta de ar

☐ Tensão muscular

☐ Fadiga

☐ Outro: _____

☐ Outro: _____

Para algumas pessoas, as sensações físicas associadas à ansiedade são menos perceptíveis ou simplesmente não tão intensas. Nas próximas semanas, pediremos que você comece a prestar mais atenção a esses sinais físicos de ansiedade. Você pode começar a ver que alguns deles estão mais presentes do que percebe. Afinal, muitos dos sintomas associados à ansiedade problemática, como irritabilidade, insônia e dificuldade de concentração, são, em parte, acúmulo dos componentes físicos da ansiedade.

O componente comportamental da ansiedade

A parte comportamental da ansiedade refere-se ao que você faz como resultado dos seus sentimentos ansiosos. Os comportamentos são normalmente entendidos como envolvendo uma ação que você pode observar (p. ex., Elijah navega nas redes sociais ou limpa sua escrivaninha em vez de trabalhar no seu artigo). No entanto, o comportamento também pode envolver ação imperceptível ou interna. Por exemplo, Elijah também pode estar sentado na frente do seu computador, apenas pensando sobre o que vai acontecer se ele tirar uma nota baixa em seu trabalho. Nesse caso, diríamos que seu comportamento *é* uma preocupação. Podemos pensar em preocupação como um comportamento se ela descrever o que alguém está fazendo em resposta a uma situação. Em vez de resolver o problema, o que envolveria tentar uma estratégia para progredir no seu trabalho, Elijah está se preocupando. Para ser claro, os *pensamentos reais* que você tem quando se preocupa ("Vou ser reprovado na disciplina") constituem o componente cognitivo da ansiedade, mas o *ato* de se preocupar é um comportamento.

A seguir, apresentamos uma lista de comportamentos comuns associadas à ansiedade. Marque algum que identifique em você e acrescente outros à lista se pensar em algum.

☐ Procrastinar

☐ Buscar tranquilização

☐ Desabafar

☐ Preparar-se excessivamente ou pesquisar em excesso

☐ Preocupar-se

☐ Verificar algo repetidamente

☐ Ser extremamente cauteloso

☐ Distrair-se (com a TV, conversa, internet)

☐ Fugir de uma situação

☐ Ingerir álcool ou usar outras drogas

☐ Outro: _____

☐ Outro: _____

EXPANDINDO O COMPORTAMENTO: EVITAÇÃO

Os comportamentos ansiosos quase sempre são tentativas de reduzir a ansiedade. Sentir-se ansioso é desagradável, então, naturalmente queremos evitá-lo. Infelizmente, as tentativas de evitar a ansiedade muitas vezes são ineficazes, sobretudo a longo prazo. Na verdade, a evitação é uma das razões principais pelas quais a ansiedade se torna um problema persistente. Para explicar como isso funciona, vamos primeiro esclarecer o que entendemos por evitação.

Evitação é qualquer coisa que você faz,
ou não faz, para reduzir sua ansiedade.

Algumas formas de evitação são bastante diretas, como simplesmente evitar a atividade, a situação ou os pensamentos que o deixam ansioso. No entanto, há muitas formas sutis de evitação. Por exemplo, a evitação pode ser parcial, como se Jill saísse com seus amigos, mas checasse seus *e-mails* de trabalho durante o jantar. Ela não está evitando completamente sair com os amigos, mas está tentando ficar menos ansiosa verificando constantemente seus *e-mails*. Outras formas sutis de evitação incluem coisas como reunir informações excessivas (navegando na internet), fazer listas em excesso, pedir garantias às pessoas ou revisar algo repetidamente em sua mente. Em todos esses casos, o comportamento funciona para reduzir a ansiedade e, portanto, conta como evitação.

Às vezes, os comportamentos de evitação parecem ser produtivos ou úteis, mas na verdade aumentam a ansiedade e não resolvem o problema. Tomemos como exemplo uma preparação excessiva. A ansiedade de Jill pode levá-la a passar um fim de semana inteiro preparando uma apresentação para o trabalho, o que à primeira vista pode parecer algo bom, pois irá garantir que ela faça um bom trabalho. Mas, se não for necessário passar mais que algumas horas nesse processo, então o propósito desse comportamento tem mais a ver com redução da ansiedade do que fazer bem o seu trabalho.

A preocupação é outra forma de evitação disfarçada. Como outras formas de evitação, a preocupação pode parecer produtiva, ou pelo menos necessária, pois você está focando em um problema potencial em vez de ignorá-lo ou se distrair dele. Você não está evitando a ansiedade completamente quando se preocupa, mas isso o protege da possibilidade de que aconteça algo ruim e você não esteja preparado. Para as pessoas que se preocupam muito, parece ser mais seguro pensar sobre tudo que poderia dar errado do que ser pego de surpresa por um evento negativo inesperado.

Considere a seguinte analogia. Imagine que você é um defensor em um jogo de beisebol. Você percebe que em algum momento a bola virá na sua direção e você precisa estar pronto para pegá-la. Para se preparar, você fica na posição apropriada, tem a sua luva pronta e direciona sua atenção para o arremessador e o rebatedor se aproximando da base, para que você saiba quando a bola está vindo. Isso é certamente melhor do que estar totalmente despreparado para uma bola que vem na sua direção, o que teria sérias consequências negativas. No entanto, a preocupação crônica é como estar sempre em "postura de prontidão", *mesmo quando não é dia de jogo*. Embora isso possa ajudá-lo a se sentir preparado para qualquer catástrofe, tem o custo de ficar tenso e ansioso o tempo todo. Desse modo, a preocupação tenta reduzir a ansiedade (transformando-a em evitação), mas paradoxalmente a piora, contribuindo para ansiedade persistente e crônica.

Consequências da evitação a curto e longo prazos

A evitação pode se tornar habitual e difícil de mudar, pois as consequências imediatas de curto prazo tendem a ser altamente recompensadoras. Isto é, nos sentimos melhor quando evitamos algo difícil ou que provoca ansiedade. Por exemplo, quando Elijah decidiu lavar suas roupas em vez de trabalhar em seu artigo, ele teve uma sensação de alívio imediato porque não estava mais pensando no estresse associado à faculdade. Ou quando Sofia envia mensagens para seus filhos para se certificar de que estão bem e eles respondem, ela pode finalmente se sentir calma e relaxada sabendo que tudo está bem. A sensação de alívio que decorre da redução da sua ansiedade pelo comportamento de evitação é muito poderosa e pode levar à formação de alguns hábitos muito fortes.

O principal problema com a evitação é que ela também pode ter consequências negativas significativas, sobretudo a longo prazo. Primeiramente, a evitação lhe impede de fazer coisas que são importantes para você. A evitação de Elijah o impede de dedicar tempo suficiente ao seu trabalho do semestre. A evitação de Jill a impede de passar um tempo de qualidade com outras pessoas. A evitação de Sofia interfere na sua busca de emprego. Assim, a recompensa da evitação interfere nos objetivos de longo prazo.

Um segundo problema da evitação é que ela paradoxalmente aumenta a ansiedade mais tarde. Procrastinar durante todo o dia só acabou aumentando a ansiedade de Elijah quando ele voltou ao trabalho. A evitação de Jill quanto a socializar aumenta sua ansiedade em relação à possibilidade de seus amigos ficarem chateados com ela, bem como se algum dia encontrará um parceiro. Quando Sofia envia mensagens para seus filhos excessivamente, isso a deixa mais ansiosa quanto à segurança deles do que ela se sentiria se, em vez disso, estivesse gastando seu tempo e sua energia fazendo outra coisa importante para ela. Evitação é semelhante a adiar o problema. Inevitavelmente, ele retornará, e muitas vezes de forma ainda mais intensa.

Por fim, e talvez o mais importante, a evitação lhe impede de saber o que aconteceria se você *não* se envolvesse no comportamento de evitação. Cada vez que se envolve em um comportamento evitativo, você ensina a seu corpo e seu cérebro o que você *precisa* evitar para impedir que algo desagradável aconteça e para não se sentir ansioso. Evitar impede você até mesmo de ter a chance de aprender que suas preocupações podem ser irrealistas e que você realmente consegue lidar com o que pode acontecer. Para ilustrar isso melhor, considere a história a seguir.

> *Charlie e Fred estão caminhando juntos pelas ruas de Boston. Ao fim de cada quadra, Charlie vira-se para o prédio mais próximo e bate a cabeça contra a parede. Perplexo, Fred finalmente pergunta: "Charlie, por que cargas d'água você fica batendo a cabeça contra a parede? Deve doer demais!". Charlie responde: "É claro que dói, mas mantém os elefantes afastados". Fred diz: "Mas não há elefantes em Boston". Charlie responde: "Viu só? Funciona!".*

Charlie está convencido de que algo que ele está fazendo (batendo a cabeça contra a parede) está impedindo um desfecho negativo (elefantes em Boston), sem jamais se dar a chance de ver o que aconteceria se não fizesse isso, ou perceber que tal preocupação é completamente irreal, antes de mais nada. E, nesse processo, ele está na verdade se machucando. O comportamento de evitação funciona da mesma maneira. Para pessoas com ansiedade problemática, suas preocupações ansiosas muitas vezes não são inteiramente realistas, e perder tempo evitando-as por meio de preocupação ou outros meios é prejudicial. Pode ser difícil perceber isso e mudar seu comportamento, mas é preciso se dar uma chance honesta de ver o que acontece se você se comportar de outra maneira. Falaremos mais sobre como abordar explicitamente a evitação nos Módulos 5 e 6. Por enquanto, é importante perceber como a evitação contribui para o ciclo da ansiedade. À medida que você continua seu automonitoramento esta semana, comece a observar seus comportamentos de evitação e como eles podem estar influenciando sua ansiedade a longo prazo.

COMO OS COMPONENTES DA ANSIEDADE INTERAGEM

Agora, vamos voltar aos três componentes da ansiedade e resumir como eles influenciam uns aos outros. É importante perceber que os componentes cognitivos, físicos e comportamentais interagem para formar um ciclo vicioso de ansiedade. Considere a Figura 1.2, começando pela situação de Elijah.

Observe as setas de duas pontas entre os três círculos, significando que cada componente influencia o outro. Começando pelo componente físico, Elijah sentiu um frio na barriga quando pensou em escrever seu artigo. Isso o levou a procrastinar (um comportamento de evitação) durante boa parte do dia. Dessa forma, o componente físico da ansiedade influenciou o componente comportamental. Depois de um dia de procrastinação, Elijah retornou ao trabalho da faculdade, e o frio na barriga piorou. Seu comportamento, por sua vez, afetou suas sensações físicas. A procrastinação também

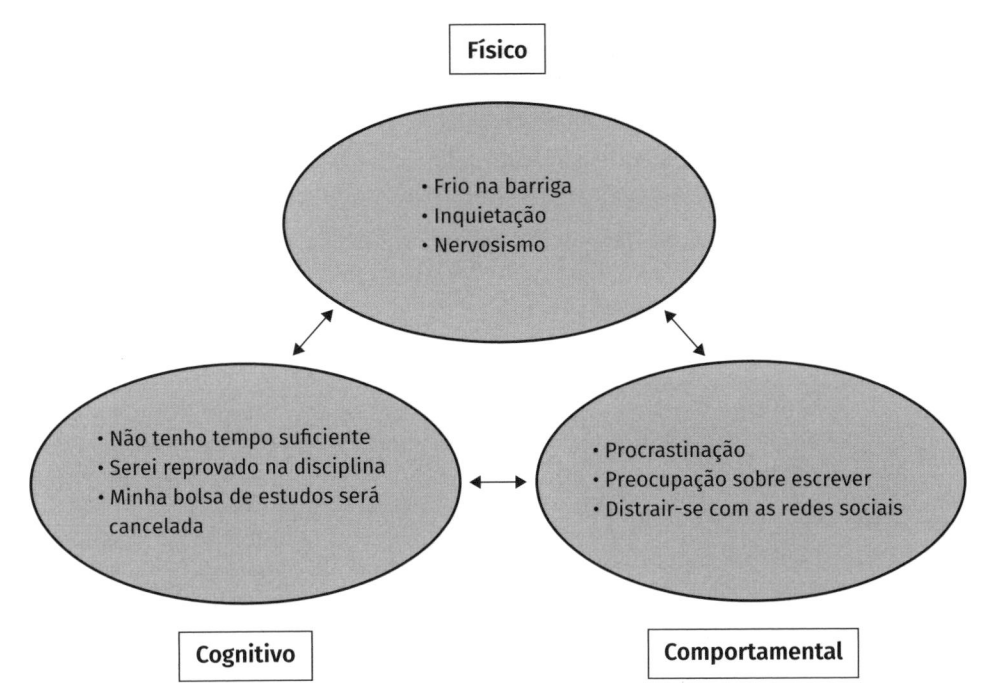

```
                    ┌─────────┐
                    │  Físico │
                    └─────────┘

              ╭──────────────────╮
              │ • Frio na barriga│
              │ • Inquietação    │
              │ • Nervosismo     │
              ╰──────────────────╯
              ↙                ↘
╭──────────────────────────╮      ╭──────────────────────────────╮
│• Não tenho tempo suficiente│ ←→ │• Procrastinação              │
│• Serei reprovado na        │    │• Preocupação sobre escrever  │
│  disciplina                │    │• Distrair-se com as redes    │
│• Minha bolsa de estudos será│   │  sociais                     │
│  cancelada                 │    │                              │
╰──────────────────────────╯      ╰──────────────────────────────╯
    ┌───────────┐                      ┌────────────────┐
    │ Cognitivo │                      │ Comportamental │
    └───────────┘                      └────────────────┘
```

FIGURA 1.2 Três componentes da ansiedade.

originou o primeiro pensamento ansioso: "Não tenho tempo suficiente". Desse modo, o componente comportamental também influenciou o componente cognitivo da ansiedade. Os pensamentos de Elijah sobre não ter tempo suficiente também aumentaram a intensidade das sensações físicas (cognitivo para físico) e o levaram a passar mais tempo se preocupando (lembre-se de que preocupação é um comportamento) sobre o que acontece se ele não tirar uma boa nota no trabalho (cognitivo para comportamental). Por fim, podemos ver como o físico, por sua vez, impactou o cognitivo. O frio na barriga de Elijah estava enviando a mensagem de volta ao seu cérebro de que "isso é ruim", o que aumentou a intensidade dos seus pensamentos ansiosos.

Você pode ver o quanto esses componentes da ansiedade estão estreitamente ligados, e como, uma vez que as coisas começam, podem criar um ciclo de ansiedade que é difícil de parar. A boa notícia é que a influência mútua desses componentes da ansiedade também pode funcionar na direção oposta. Para começar a reduzir a ansiedade, você não precisa assumir os três competentes de uma vez. Por exemplo, se você puder reduzir a intensidade das suas sensações físicas quando estiver ansioso, isso pode ajudar a tornar um pouco menos potentes seus pensamentos de preocupação e o desejo de se envolver em comportamentos motivados pela ansiedade. Isso também significa que há três alvos distintos para a redução da ansiedade. No restante deste livro, você aprenderá técnicas para abordar cada componente da ansiedade.

REVISÃO DA SEÇÃO: PONTOS PRINCIPAIS

- A ansiedade consiste em três componentes: o componente cognitivo (seus pensamentos), o componente físico (o que você sente em seu corpo) e o componente comportamental (o que você faz em resposta à sua ansiedade).

- Muitas vezes, a ansiedade leva ao comportamento de evitação, que é tudo o que você *faz* ou *não faz* para reduzir a ansiedade. Alguns comportamentos, como preparação excessiva, busca de garantias ou preocupação, podem parecer produtivos, mas ainda são considerados evitação se forem executados com o objetivo inicial de reduzir a ansiedade em vez de resolver um problema real.

- O comportamento de evitação geralmente proporciona alívio a curto prazo, mas a longo prazo impede que você atinja seus objetivos, aumenta a ansiedade e impede que você descubra que suas preocupações podem ser irrealistas.

- Os três componentes da ansiedade se influenciam mutuamente, levando a um ciclo de ansiedade. Você aprenderá técnicas para focar em cada aspecto da ansiedade. Mesmo o trabalho em um dos componentes começará a aliviar a ansiedade problemática que você experimenta.

PRATIQUE EM CASA

- **Automonitoramento:** continue o automonitoramento, mas esta semana comece a observar os diferentes aspectos da sua ansiedade. Identifique os *pensamentos*, as *sensações físicas* e os *comportamentos* envolvidos na sua resposta à ansiedade e note como cada componente influenciou os outros. Anote pelo menos uma situação por dia usando o seguinte formulário (disponível no material complementar do livro em loja.grupoa.com.br).

MONITORANDO OS TRÊS COMPONENTES DA ANSIEDADE

Data e hora	Situação	Pensamentos	Sensações físicas	Comportamentos	SUDS (0-100)
31 de agosto, 8h	[Sofia] Encontrando-se com uma amiga depois de cancelar os planos anteriormente	Ela vai ficar furiosa comigo. Provavelmente estraguei a amizade.	Aumento dos batimentos cardíacos, suor nas mãos, frio na barriga	Perguntou à sua amiga muitas vezes durante a noite e, depois disso, se ela está zangada	80

MÓDULO 2

Relaxamento consciente

Foi uma semana difícil para Jill, e aparentemente a próxima semana também envolverá dificuldades, com reuniões de última hora, relatórios e mais uma apresentação na frente do seu chefe. Embora ela não tenha que pensar nisso durante o fim de semana, Jill tem dificuldade em não se sentir "no limite". Muitas vezes, sua mente se desvia para as tarefas que terá no trabalho na próxima semana, em vez de relaxar no momento presente. As preocupações de Jill não só saem do controle, mas ela também pode sentir sua ansiedade fisicamente. Jill sempre parece ter tensão muscular no pescoço e na parte superior dos ombros. Além disso, sempre que ela se preocupa, tende a ir para frente e para trás, ou fica inquieta na sua cadeira. Às vezes, nem mesmo ela percebe o quanto fica inquieta. Jill deseja passar o fim de semana focando em coisas que gosta, como almoçar com suas amigas e finalmente terminar aquele romance para o clube do livro que ela vem adiando. Sua ansiedade sobre a semana de trabalho faz com que ela fique tão tensa e distraída que lhe parece impossível fazer alguma das coisas divertidas que realmente quer fazer. Passar todo o seu tempo com sua ansiedade em vez de no aqui e agora deixa Jill desanimada quanto ao seu fim de semana, como se tudo estivesse fora do seu controle.

APRENDENDO A RELAXAR: RELAXAMENTO MUSCULAR PROGRESSIVO

A experiência de Jill lhe parece familiar? Conforme mencionado no módulo anterior, alguns dos sintomas mais comuns associados à ansiedade são de natureza física. As pessoas que sofrem de ansiedade e preocupação geralmente apresentam tensão e rigidez muscular que podem se espalhar por todo o corpo. No caso de Jill, sua tensão excessiva a impedia de relaxar e aproveitar seu fim de semana. Além disso, estar no limite o tempo todo faz com que seja extremamente difícil se concentrar no momento presente e nas coisas que estão acontecendo neste momento. Isso pode levar a uma ansiedade que sai do controle e pode interferir nas coisas que você realmente deseja fazer.

Até agora você aprendeu que a ansiedade tem três componentes: pensamentos, sensações físicas e comportamentos. Para romper o círculo vicioso da ansiedade, é importante aprender estratégias que abordem cada um desses domínios. A primeira técnica que você aprenderá foca nas sensações físicas associadas à ansiedade, como a tensão muscular. Especificamente, você aprenderá sobre relaxamento muscular progressivo (RMP). O RMP tem uma longa história que data do início do século XX, e é uma técnica de primeira linha para combater estresse e tensão. Em suma, o RMP é uma técnica de relaxamento profundo que ensina como atingir o relaxamento físico por um processo em duas etapas. Primeiro, você aplica *tensão* nos seus músculos por um breve período de tempo e, depois, você *relaxa* esse músculo por um período mais longo.

Simples assim, o RMP pode ser usado em todo o corpo em uma variedade de grupos musculares. O objetivo geral do RMP é aprender a relaxar o corpo inteiro de uma vez só. Entretanto, antes de chegarmos nisso, é importante receber instruções sobre cada etapa.

RMP: fundamentos básicos

Antes de nos aprofundarmos no RMP, é importante distinguir os dois tipos de tensão aplicada. O primeiro tipo é chamado de *tensionamento ativo*. Esse tipo de tensão ocorre quando você, propositalmente, tenta tensionar um grupo muscular específico o máximo possível, sem se machucar. Geralmente, o RMP inicia com o uso do tensionamento ativo para grupos musculares isolados. Após a prática, ele pode ser usado para múltiplos grupos musculares ao mesmo tempo e, por fim, para o corpo inteiro. Em geral, o tensionamento ativo é o tipo tradicional de tensão que você usa enquanto pratica RMP, e frequentemente provoca sensações mais profundas de relaxamento.

O segundo tipo de tensão é denominado *tensionamento passivo*. Diferentemente do tensionamento ativo, o passivo envolve meramente perceber as tensões que já existem em um grupo muscular específico, ou seja, você não está tentando aplicar tensão propositalmente. Embora o tensionamento ativo seja preferido porque geralmente proporciona maior relaxamento, pode haver algumas circunstâncias em que você queira considerar o tensionamento passivo. Particularmente, muitas vezes o tensionamento passivo é recomendado para músculos ou regiões do corpo que tenham sofrido lesão ou tenham dor. É importante não causar mais lesão a qualquer parte do corpo, o que faz do tensionamento passivo uma alternativa válida. Com o tensionamento passivo, você nota a tensão que existe em uma área muscular e, então, concentra maiores esforços na fase de relaxamento.

É importante pensar sobre sua abordagem para a fase de relaxamento. Em geral, você deverá usar um tipo de frase verbal ou mantra que invoque a ideia de relaxamento profundo. Isso pode incluir conceitos como sensação de peso, sonolência ou calma. Sinta-se livre para usar o que for útil para você. A seguir, apresentamos alguns exemplos de frases diferentes que podem focar sua mente no relaxamento.

Frases para relaxamento

- *Relaxe...*
- *Calma...*
- *Deixe seus músculos pesarem...*
- *Deixe seus músculos se parecerem com pesos de chumbo...*
- *Observe a tensão se dissipar...*
- *Observe que você está se sentindo calmo e descansado...*
- *Sinta o relaxamento cada vez mais profundo...*
- *Observe a diferença entre tensão e relaxamento...*

Nesse ponto, anote a frase que você gostaria de usar. Para fins de demonstração do exercício, lhe diremos para usar a palavra "relaxe", mas você pode mudá-la, se preferir.

_____

_____

_____

_____

Também tenha em mente que a fase de relaxamento sempre será mais longa do que a fase de tensão. Em geral, você deve tensionar seus músculos por um período relativamente curto e, depois, por um período mais longo, se permitindo entrar em um estado de relaxamento profundo. Não ceda à tentação de passar rapidamente para a fase de relaxamento apenas para avançar para o próximo grupo de músculos! Você estaria se privando de obter os melhores benefícios do RMP. É importante ter paciência quando se trata desse exercício. Se você avançar muito rapidamente de um grupo muscular para outro, pode acabar se sentindo mais estressado. Então, por favor, leve o tempo que precisar e se permita experimentar o relaxamento profundo. Não há pressa.

Você aprenderá dois exercícios de RMP neste módulo. Você vai começar com o RMP do grupo de 12 músculos. Depois que tiver aprendido e se sentir confortável com isso, você reduzirá seu exercício de RMP a apenas oito grupos (combinando alguns dos grupos musculares). Por fim, você terá o objetivo de ser capaz de relaxar com apenas um passo.

Para o exercício de RMP, escolha um local silencioso com uma cadeira ou cama confortável. Ao se posicionar, sente-se em uma postura ereta e verifique se há espaço suficiente à sua frente para movimentar seus braços e suas pernas. Inicialmente, você deve escolher um local que não tenha distrações. Use roupas folgadas e tire os óculos ou as lentes de contato. O exercício levará cerca de 20 a 30 minutos, portanto, procure reservar um tempo para isso durante o dia.

RMP para 12 grupos musculares

Agora estamos prontos para começar! Por favor, mantenha em mente sua frase de relaxamento (como "relaxe") enquanto pratica, e lembre-se de não usar tensão ativa em quaisquer grupos musculares ou áreas do seu corpo que estejam machucados. Considere pular o músculo lesionado ou usar tensão passiva para ele.

1. Feche os olhos e relaxe. Faça algumas respirações profundas enquanto permanece sentado tranquilamente.

2. Produza tensão nos antebraços, fechando os punhos e puxando os pulsos para cima, de modo que quase toquem seus ombros. Concentre-se na tensão (10 segundos). Agora libere a tensão nos antebraços e nas mãos. Deixe seus braços relaxarem com as palmas das mãos para baixo. Concentre sua atenção na sensação de relaxamento e relaxe seus músculos (50 segundos). Continue a respirar profundamente e pense na palavra "relaxe" a cada expiração.

3. Produza tensão nos braços, inclinando-se para a frente e puxando os braços para trás até as laterais do corpo, tentando tocar os cotovelos atrás das costas. Concentre-se na tensão (10 segundos). Agora solte os braços e relaxe (50 segundos), liberando toda a tensão. Sinta a diferença entre ela e o relaxamento. Enquanto permanece sentado tranquilamente, diga a palavra "relaxe".

4. Produza tensão na parte inferior das pernas, flexionando os pés e trazendo os dedos dos pés em direção à parte superior do corpo, tentando tocar os dedos nos joelhos. Sinta a tensão nos pés, tornozelos, nas canelas e panturrilhas. Concentre-se na tensão (10 segundos). Agora libere a tensão e sinta a diferença entre ela e o relaxamento (50 segundos). Enquanto permanece sentado tranquilamente, pense na palavra "relaxe" a cada expiração.

5. Produza tensão na parte superior das pernas, aproximando os joelhos e elevando as pernas, afastando-as da cadeira. Concentre-se na parte superior das pernas (10 segundos). Agora libere a tensão nas pernas e sinta a diferença entre ela e o relaxamento. Concentre-se na sensação de relaxamento (50 segundos). Pense na palavra "relaxe" enquanto permanece sentado tranquilamente, respirando profundamente.

6. Produza tensão no abdome, puxando-o vigorosamente em direção à coluna. Sinta a tensão e rigidez; concentre-se nessa parte do seu corpo (10 segundos). Agora solte o abdome e relaxe. Sinta a sensação confortável de relaxamento (50 segundos) e, enquanto permanece sentado tranquilamente, pense na palavra "relaxe" a cada expiração.

7. Produza tensão em volta do peito, inspirando profundamente e prendendo a respiração. Sinta a tensão no peito e nas costas. Prenda a respiração (10 segundos). Agora relaxe, deixe o ar sair lentamente (50 segundos) e sinta a diferença entre a tensão e o relaxamento. Enquanto permanece sentado tranquilamente, continue a respirar profundamente e pense na palavra "relaxe".

8. Produza tensão nos ombros, trazendo-os e elevando-os em direção às orelhas. Concentre-se na tensão de seus ombros e do pescoço (10 segundos). Agora solte os ombros; deixe que se inclinem e relaxe. Concentre-se na sensação de relaxamento (50 segundos). Enquanto permanece sentado tranquilamente, pense na palavra "relaxe".

9. Produza tensão em torno do pescoço, inclinando o queixo para baixo e tentando pressionar a parte posterior do pescoço contra a cadeira ou na direção da parede atrás de você. Concentre-se na tensão em volta do pescoço (10 segundos). Agora libere-a, se concentre no relaxamento (50 segundos) e sinta a diferença entre a tensão e o relaxamento. Enquanto permanece sentado tranquilamente, pense na palavra "relaxe" a cada expiração profunda.

10. Produza tensão em torno de sua boca e mandíbula, cerrando os dentes e empurrando os cantos da boca para trás. Sinta a tensão na sua boca e mandíbula (10 segundos). Agora libere a tensão, permitindo que sua boca relaxe e abra, e se concentre na diferença entre tensão e o relaxamento (50 segundos). Enquanto permanece sentado tranquilamente, pense na palavra "relaxe".

11. Produza tensão em torno dos olhos, fechando-os com força por alguns segundos e, então, libere a tensão nos olhos. Sinta a diferença entre a tensão e o relaxamento (50 segundos). Enquanto permanece sentado tranquilamente, continue a respirar profundamente com o abdome e pense na palavra "relaxe".

12. Produza tensão na parte inferior da testa, puxando as sobrancelhas para baixo em direção ao centro do seu rosto e franzindo a testa. Concentre-se na tensão em sua testa (10 segundos). Agora relaxe a testa e sinta a diferença entre a tensão e o relaxamento (50 segundos). Pense na palavra "relaxe" a cada expiração.

13. Produza tensão na parte superior da testa, elevando as sobrancelhas até o alto da cabeça. Concentre-se na sensação de puxão e na tensão na sua testa (10 segundos). Agora relaxe as sobrancelhas e concentre-se na diferença entre a tensão e o relaxamento. Enquanto permanece sentado tranquilamente, pense na palavra "relaxe".

14. Você está completamente relaxado. Permaneça sentado tranquilamente, com os olhos fechados, e respire profundamente. Conte silenciosamente de 1 a 5, sentindo-se cada vez mais relaxado. Um, permita que toda a tensão saia do seu corpo. Dois, sinta-se cada vez mais solto no relaxamento. Três, você está se sentindo cada vez mais relaxado. Quatro, você está se sentindo muito relaxado. Cinco, você está se sentindo completamente relaxado. Enquanto está nesse estado relaxado, concentre-se em todos os seus músculos ficando completamente confortáveis e livres de estresse. Enquanto permanece sentado nesse estado, respirando profundamente, pense na palavra "relaxe" a cada expiração profunda (2 minutos).

15. Agora, concentre-se na contagem de trás para frente e sinta que está ficando cada vez mais alerta. Cinco, você está se sentindo mais alerta. Quatro, você sente que está saindo do estado de relaxamento. Três, você está se sentindo mais acordado. Dois, você está abrindo os olhos. Um, você está sentado e se sentindo completamente acordado e alerta.

Como você pode ver, o relaxamento físico é tão importante quanto o relaxamento mental, que é você treinar a si mesmo para desviar sua atenção de pensamentos preocupantes e voltá-la para as sensações físicas de tensão e relaxamento.

Depois do RMP: reflexão

Agora, você já experimentou o RMP pela primeira vez. Para muitas pessoas, não é apenas relaxamento físico o que sentem, mas também relaxamento mental. Se você também percebeu isso, então acabou de experimentar quão profunda é a conexão entre seus sentimentos físicos e o que está acontecendo em sua mente. Usando o quadro a seguir, acompanhe o que você notou antes e depois do RMP.

AVALIANDO A INTENSIDADE DOS SINTOMAS ANTES E DEPOIS DO RMP

Antes do RMP						Depois do RMP					
Sintoma de ansiedade	Intensidade					Sintoma de ansiedade	Intensidade				
	Nenhuma	Leve	Moderada	Severa			Nenhuma	Leve	Moderada	Severa	
Tensão no pescoço						Tensão no pescoço					
Tensão na região superior das costas						Tensão na região superior das costas					
Tensão na região inferior das costas						Tensão na região inferior das costas					
Tensão na testa						Tensão na testa					
Tensão nos braços						Tensão nos braços					
Tensão nas pernas						Tensão nas pernas					
Inquietação, incapaz de relaxar						Inquietação, incapaz de relaxar					
No limite						No limite					
Preocupação						Preocupação					
Respiração rápida ou superficial						Respiração rápida ou superficial					

Em geral, como você estava se sentindo antes de experimentar o RMP? _____
_____
_____

Como você se sente depois de experimentar o RMP? _____
_____
_____

Prática do RMP

Agora que você já experimentou o RMP, é importante continuar praticando essa técnica. Usar qualquer técnica apenas uma vez geralmente é insuficiente para obter resultados duradouros. Às vezes, é difícil fazer bem o RMP no início. Se essa foi a sua experiência, você não está sozinho! É importante ser paciente consigo mesmo enquanto começa a dominar o RMP. As pessoas costumam notar que leva tempo para usarem o RMP de forma eficaz. Também recomendamos, primeiro, praticar o RMP em situações menos estressantes para que você se acostume, e então passe a usá-lo quando estiver particularmente estressado. Você verá instruções mais específicas para a prática do RMP na semana no final do módulo.

RMP para oito grupos musculares

Depois de praticar o exercício do grupo de 12 músculos por uma semana e conseguir atingir um estado de relaxamento moderado (pelo menos 50 ou mais em uma escala de 0 a 100), você pode começar a fazer o exercício para o grupo de oito músculos. O objetivo final é ser capaz de atingir um estado de relaxamento com apenas um passo (se envolver em tensão corporal total e, então, relaxamento). Os grupos de oito músculos que você estará focando para esse procedimento são: 1) braços, tanto o braço como o antebraço; 2) pernas, tanto a parte inferior como a superior; 3) abdome; 4) peito; 5) ombros; 6) pescoço; 7) olhos; e 8) testa (você pode fazer com a parte superior ou inferior da testa). Você usará os mesmos exercícios de tensionamento e relaxamento, concentrando-se nas sensações e na diferença entre tensão e relaxamento. Enquanto permanece sentado tranquilamente, pense na palavra "relaxe".

Assim como antes, pratique o relaxamento do grupo de oito músculos diariamente e monitore seu progresso no quadro fornecido no final do módulo.

Dicas para RMP avançado

Você aprendeu os fundamentos básicos do RMP e experimentou, em primeira mão, como a tensão e o relaxamento muscular podem levar ao relaxamento físico profundo. Até então, pedimos que você praticasse RMP em um ambiente silencioso e relativamente livre de distrações. No entanto, as situações na vida nem sempre são tão favoráveis, e a qualquer momento podemos nos deparar com algo inesperado, estressores ou tarefas que exijam nossa atenção. Para levar o RMP ao próximo nível, tente usá-lo em situações com distrações ou que sejam estressantes. Você pode tentar usar o RMP no trabalho, durante uma viagem no metrô, em uma cafeteria movimentada ou em qualquer lugar! É importante tornar-se habilidoso em RMP não só quando você está em um ambiente isolado e silencioso, mas também durante momentos caóticos do seu dia. Portanto, experimente o RMP em uma variedade de situações para levar seu domínio ao próximo nível.

Além disso, outra forma de fazer progresso com RMP é usando o *método de combinação* dos diferentes grupos musculares. Você já fez isso no exercício dos grupos de oito músculos, quando tensionou e relaxou os braços e antebraços ao mesmo tempo. Continuando a combinar grupos musculares que você tensiona e relaxa ao mesmo tempo, poderá finalmente chegar ao ponto de usar o RMP para o corpo todo em apenas uma etapa. Praticar isso é útil para atingir o relaxamento profundo em um período relativamente curto.

PASSANDO DO RELAXAMENTO FÍSICO PARA O RELAXAMENTO CONSCIENTE

Até agora você aprendeu como atingir o relaxamento físico usando o RMP. Porém, é importante perceber que pode ocorrer relaxamento não apenas no nível físico, mas também mentalmente. Você já deve ter notado que o relaxamento físico pode fazer com que você se sinta mentalmente mais calmo. No entanto, observe que o relaxamento mental, por si só, é igualmente importante. Agora lhe apresentaremos o *mindfulness* e mostraremos como você pode usar essa habilidade quando estiver relaxando. Em essência, *mindfulness* refere-se ao desenvolvimento de uma consciência não julgadora e não reativa do momento presente, colocando-se a uma distância crucial dos seus pensamentos enquanto não responde a eles ou os avalia de nenhuma maneira particular. Além disso, ao embasar sua atenção no momento presente, você não está permitindo que sua mente se desvie para pensamentos preocupantes sobre o futuro ou lembranças perturbadoras do passado.

Há inúmeros exercícios diferentes que as pessoas podem fazer para obterem melhores resultados com *mindfulness*. Um dos exercícios mais comuns é denominado *respiração consciente*. A ideia por trás da respiração consciente é prestar atenção à sua respiração de uma forma não julgadora e não reativa. Por exemplo, se você nota que um pensamento surge de repente na sua mente enquanto está focando na sua respiração, o modo consciente de responder ao pensamento é simplesmente deixá-lo ser e gentilmente guiar sua atenção de volta para a sua respiração. Pode ser mais fácil falar do que fazer, às vezes, mas, com prática, o *mindfulness* pode ajudá-lo a construir uma mente menos crítica e mais tranquila. Um dos principais truques para *mindfulness* é ser paciente e gentil consigo mesmo quando notar que sua mente está divagando. Uma mente dispersa é uma resposta completamente normal, e tende a ocorrer mais frequentemente quando você é iniciante. Em vez de se criticar por isso, apenas observe que sua mente está divagando e, então, gentilmente redirecione seu foco.

Em seguida, vamos tentar executar seu primeiro exercício de *mindfulness*! Conforme já mencionado, o objeto da sua consciência plena será a sua respiração. O objetivo é simplesmente focar na sua respiração e se manter no momento presente.

Exercício de respiração consciente

Encontre um local confortável e tranquilo onde possa se sentar ereto em uma cadeira ou uma almofada no chão. Você deve ter uma postura alerta, porém relaxada. Este exercício durará 5 minutos. Depois que estiver sentado, ajuste um cronômetro para alertá-lo quando o tempo tiver acabado. Então, siga os passos a seguir.

1. Feche os olhos e relaxe.
2. Inicie inspirando profundamente pela boca por 5 segundos. (Observe a sensação do ar entrando na sua boca, garganta e nos seus pulmões enquanto você inspira. Deixe que esse seja o foco da sua atenção.)
3. Depois de inspirar, prenda a respiração por 3 segundos.
4. Em seguida, expire suavemente pelas narinas por 5 segundos e conte mentalmente o número "um" enquanto está expirando. (Observe a sensação do ar passando por sua garganta e narinas enquanto estiver liberando sua respiração.)
5. Repita esses passos mais uma vez (inspire, prenda e expire) e lembre-se de contar mentalmente o próximo número ("dois", "três", "quatro") enquanto expira. Continue fazendo isso até que os 5 minutos acabem.

Depois de ter concluído seu primeiro exercício de *mindfulness*, dê-se os parabéns! Se notou alguma dificuldade em focar sua mente na respiração, seja gentil consigo mesmo. Lembre-se de que ter domínio de uma consciência sem julgamentos e não reativa requer prática. A seguir, registre suas reações iniciais ao exercício de *mindfulness*.

Como você se sentia antes do exercício de *mindfulness*?

_____

_____

_____

_____

Como você se sente agora?

___

___

___

___

Que diferenças no seu pensamento você nota depois de tentar a visualização da sua consciência?

___

___

___

___

Caso tenha sido difícil fazer isso na primeira vez, você não está sozinho. Lembre-se de que é completamente normal se distrair com outras sensações ou pensamentos. Quando isso acontecer, tente gentilmente lembrar de trazer sua atenção de volta para a respiração. Seja paciente consigo mesmo enquanto começa a dominar o *mindfulness* – você terá muitas oportunidades para praticar seguindo em frente.

Exercício consciente da nuvem

Como você aprendeu até aqui, o *mindfulness* pode nos ajudar a desenvolver uma mente mais calma e mais relaxada. Outro benefício importante do *mindfulness* é que ele pode nos ajudar a combater nossa tendência instintiva a reagir e julgar nossos pensamentos e experiências internas. Um dos maiores fatores que contribuem para a ansiedade é essa tendência a reagir impulsivamente a sentimentos e preocupações. Muitas vezes, esse tipo de *mindset* leva a um círculo vicioso de ansiedade consumido por preocupações e reações negativas. O *mindfulness* pode ser uma habilidade importante que lhe dá distância dos pensamentos problemáticos e permite que você aceite suas experiências internas.

O exercício consciente da nuvem é o próximo a ser realizado. Assim como no último exercício, o objetivo principal é atingir a consciência do momento presente, o não julgamento e a não reatividade. No entanto, em vez de focar na respiração, esse exercício usará técnicas de visualização para ajudá-lo a observar seus pensamentos de uma forma mais útil e menos reativa. O objetivo é observar cada pensamento ("A reunião de amanhã será uma catástrofe"), sentimento ("Eu me sinto muito tenso e nervoso") ou comportamento emocionalmente impulsionado ("Quero ensaiar muitas vezes minha apresentação de amanhã para não estragar tudo") e imaginar que você está sobre uma nuvem que flutua lentamente.

Encontre um local confortável e tranquilo onde você possa se sentar ereto em uma cadeira ou sobre uma almofada no chão. Você deve ter uma postura alerta, porém relaxada. Esse exercício durará 5 minutos. Depois que estiver sentado, acione um cronômetro para alertá-lo quando o tempo tiver acabado. Então, siga os passos a seguir e tente visualizar essa cena da forma mais vívida que puder!

1. Feche os olhos e relaxe.

2. Imagine que você está sentado em um gramado em uma colina, olhando do alto um imenso céu aberto. Uma nuvem fofa emerge a distância, flutuando. Depois, ela se afasta no horizonte até não ser mais visível.

3. Agora, lembre-se de um pensamento ou julgamento que tem lhe incomodado ultimamente. Tente visualizar o pensamento como uma dessas nuvens no céu. Deixe seu pensamento fluir com a brisa, assim como a nuvem faz. Observe-a flutuar a distância e se fundir com as outras nuvens ao fundo.

4. Lembre-se de simplesmente deixar a nuvem flutuar e desaparecer. Tente não segui-la ou trazê-la de volta. Apenas fique no seu lugar na colina e observe seu pensamento se afastar de você fisicamente.

5. Continue esse exercício de visualização para qualquer outro pensamento ou sentimento que você tenha. Tente realmente visualizar e sentir a distância física entre você e o pensamento negativo à medida que ele incorpora a forma de uma nuvem.

6. Se você perceber que está tendo problemas para não julgar e não reagir a um pensamento ou "nuvem" específico, seja paciente consigo mesmo.

7. Depois que terminar essa visualização para seu último pensamento, respire fundo lentamente e, então, expire. Traga sua consciência do momento presente de volta ao seu ambiente atual.

Depois de ter experimentado esse exercício, você deve se sentir orgulhoso da sua realização! Dificuldades quando tentamos executar esses exercícios pela primeira vez são normais, portanto, se você teve dificuldades, lembre-se de ser gentil consigo mesmo. Dominar uma postura não julgadora e não reativa em relação aos seus pensamentos requer prática, e você terá a chance de monitorar seu progresso nesse domínio durante a próxima semana.

Por favor, registre a seguir suas reações no exercício consciente da nuvem.

Como você se sentia antes do exercício de *mindfulness*?

_____

_____

_____

Como você se sente agora?

_____

_____

_____

Que diferenças você nota no seu pensamento depois de experimentar a visualização consciente?

_____

_____

_____

REVISÃO DA SEÇÃO: PONTOS PRINCIPAIS

- O relaxamento muscular progressivo (RMP) é uma técnica que pode ser usada para ajudar com as sensações físicas associadas à ansiedade, como a tensão muscular.

- O objetivo do RMP é criar relaxamento físico profundo, tensionando e relaxando seus músculos. Você pode notar que criar relaxamento físico influencia o relaxamento mental.

- Outra técnica para focar no relaxamento mental é a *mindfulness*, que significa prestar atenção ao momento presente sem qualquer julgamento.

- Ao direcionar conscientemente sua atenção para sua respiração, você pode criar relaxamento mental, o que é útil para a ansiedade.

- Ao praticar *mindfulness* ou RMP, seja paciente consigo mesmo se achar isso difícil. Com a prática, você ficará cada vez melhor em dominar essas técnicas de relaxamento!

PRATIQUE EM CASA

- **Pratique RMP:** pratique RMP pelo menos *uma vez por dia* por pelo menos *uma semana*. Acompanhe seu progresso no quadro a seguir, monitorando seu relaxamento físico, mental e geral. Por enquanto, seu objetivo é atingir pelo menos uma quantidade moderada de relaxamento geral usando esse exercício, ou cerca de 50 em uma escala de 100 pontos.

- **Relaxamento consciente:** pratique a respiração consciente ou o exercício consciente da nuvem pelo menos *uma vez por dia* por pelo menos *uma semana*. Acompanhe seu progresso no quadro a seguir. Além de acompanhar seu nível de relaxamento durante esses exercícios, anote o seu grau de consciência no momento presente, sem julgamentos e reatividade. Novamente, tente atingir um nível moderado (50 em uma escala de 100 pontos).

Monitoramento do relaxamento muscular progressivo

Classifique sua experiência de RMP no quadro a seguir. Use uma escala de 0 a 100, em que 0 significa não se sentir nem um pouco relaxado e 100 significa se sentir completamente relaxado. Nessa escala, relaxamento moderado é equivalente a 50.

	Seg	Ter	Qua	Qui	Sex	Sáb	Dom
Relaxamento físico (Quanto de tensão corporal você sente diminuir, em uma escala de 0-100?)							
Relaxamento mental (Quão calmo mentalmente você se sente, em uma escala de 0-100?)							
Relaxamento geral (Quanto relaxamento geral você sente, em uma escala de 0-100?)							

Monitoramento do relaxamento consciente

Classifique sua experiência de relaxamento consciente e o exercício consciente da nuvem nos quadros a seguir. Use uma escala de 0 a 100, em que 0 significa nem um pouco relaxado, absolutamente não focado no presente, incapaz de abrir mão de julgamentos ou incapaz de ser não reativo aos pensamentos, e 100 significa completamente relaxado, focado no presente, não julgador e não reativo.

Respiração consciente	Seg	Ter	Qua	Qui	Sex	Sáb	Dom
Relaxamento mental (Quão calmo mentalmente você se sente, em uma escala de 0-100?)							
Consciência no presente (Quanto de consciência no momento presente você sente, em uma escala de 0-100?)							
Não julgamento (Quanto você foi capaz de abrir mão de julgamentos, em uma escala de 0-100?)							
Não reatividade (Quanto você foi capaz de não responder aos seus pensamentos, em uma escala de 0-100?)							

Exercício consciente da nuvem	Seg	Ter	Qua	Qui	Sex	Sáb	Dom
Relaxamento mental (Quão calmo mentalmente você se sente, em uma escala de 0-100?)							
Consciência no presente (Quanto de consciência no momento presente você sente, em uma escala de 0-100?)							
Não julgamento (Quanto você foi capaz de abrir mão de julgamentos, em uma escala de 0-100?)							
Não reatividade (Quanto você foi capaz de não responder aos seus pensamentos, em uma escala de 0-100?)							

MÓDULO 3

Repensando pensamentos

Imagine que você está sozinho em casa. É o fim de um longo dia, e você está pronto para relaxar. Sua família (ou colegas de apartamento) estão fora à noite e não devem voltar tão cedo. Você acabou de terminar o jantar e se senta para assistir a um filme. De repente, você ouve uma porta bater (adaptado de Beck, 1976). Isso continua por alguns segundos. *O que passa pela sua mente neste exato momento?* O que você *pensa automaticamente* sobre a situação? Escreva no espaço a seguir o que primeiro veio à sua mente:

Pensamento automático: _____

    A seguir, pense em como você se *sentiria* nessa situação (assustado, aborrecido, entusiasmado) se esse fosse seu pensamento, e escreva-o a seguir:

Sentimento: _____

Embora sua mente provavelmente tenha se apressado de imediato em ter um pensamento específico quando leu sobre a situação, há inúmeros pensamentos possíveis que você pode ter tido. No espaço a seguir, liste algumas outras interpretações do que poderia estar acontecendo. Depois, pense em como você se sentiria em resposta a esse pensamento:

Pensamento: _____

Sentimento: _____

Pensamento: _____

Sentimento: _____

Pensamento: _____

Sentimento: _____

Se isso foi difícil, tudo bem: às vezes, é difícil chegar a interpretações diferentes de uma situação. Alguns exemplos de pensamentos e sentimentos diferentes poderiam ser:

- *Talvez um dos meus familiares tenha chegado em casa mais cedo,* o que faria você se sentir *preocupado*.

- *Algo pode ter quebrado e vai precisar ser consertado,* o que faria você se sentir *incomodado*.

- *Alguém pode ter invadido a casa,* o que provavelmente faria você sentir *medo*.

- *O vento fez com que a porta batesse,* o que faria você se sentir *neutro* ou *despreocupado*.

Como você pode ver, poderia ter várias respostas emocionais a essa situação, dependendo do que estivesse pensando. Essa situação é inerentemente ambígua, assim como muitas situações na vida. Portanto, a forma como você se *sente* a respeito de uma situação dependerá do que você pensa e das conclusões que tira.

PENSAMENTO ANSIOSO E O CICLO DA ANSIEDADE

A ideia de que nossos pensamentos e interpretações influenciam como nos sentimos não é nova. Na verdade, Epiteto (55-135 d.C.), um filósofo grego, é conhecido por dizer: "As pessoas não são movidas pelas coisas, mas pela visão que têm delas". Muitos séculos mais tarde, William Shakespeare disse: "Não há nada bom ou nada mau, mas o pensamento o faz assim." Lembre-se da Seção III do Módulo 1 ("Como a ansiedade ataca"), em que apresentamos os três componentes da ansiedade – físico, cognitivo e comportamental – e discutimos como eles afetam uns aos outros e podem criar um círculo vicioso de ansiedade. Aqui, começamos a discutir esse segundo aspecto: o componente *cognitivo* da ansiedade.

Há dois pontos importantes que queremos destacar sobre esse ciclo. Primeiro, quando as pessoas *pensam* de forma ansiosa, elas estão mais propensas a se sentirem ansiosas e se comportarem de forma ansiosa. Lembre-se de Sofia, que se preocupa com seus filhos, e considere uma situação em que ela não teve notícias do seu filho há mais de um dia. Se ela pensar: "Sei que ele estava em uma festa ontem à noite; e se ele foi atropelado por um motorista bêbado quando estava voltando para casa?", é mais provável que ela se *sinta* ansiosa e se *comporte* de forma ansiosa (ligando para ele repetidamente, checando os registros policiais da noite anterior).

Segundo, e como também discutimos na Seção III do Módulo 1, quando as pessoas sofrem de ansiedade problemática crônica e tensão física, é mais provável que elas *pensem* de forma ansiosa. Lembre-se do exemplo apresentado no início desta seção. Se você estivesse sentado assistindo a um filme de terror cheio de suspense e as luzes se apagassem, é *muito mais provável* que você tivesse um pensamento ansioso sobre o barulho estranho do que se estivesse assistindo a uma comédia leve, com a luz do dia lá fora. Pessoas com alto nível de ansiedade geral reagem como se *sempre* estivessem assistindo a um filme de suspense. Como seus corpos estão em constante estado de tensão e ansiedade, é mais provável que elas tenham pensamentos ansiosos em resposta a situações ambíguas. Isso ocorre porque quando o corpo se encontra em um estado fisicamente tenso ele está enviando o *feedback* para o cérebro de que algo está errado. Por exemplo, é mais provável que Jill presuma que um texto ambíguo de seus amigos significa que eles estão chateados com ela se já estiver tensa e ansiosa após um dia longo e estressante no trabalho, enquanto a mesma mensagem poderia não incomodá-la em uma manhã de um fim de semana relaxante. Isso significa que seus amigos *realmente* estão mais propensos a ficarem chateados em uma noite da semana? De jeito nenhum. O mais provável é que ela interprete o texto ambíguo desse modo, o que lhe causa ansiedade.

Portanto, não é a situação, mas nossos *pensamentos* (nossas interpretações da situação) que conduzem nossas emoções e comportamentos. Diversos fatores determinam como interpretamos as coisas. Estar cronicamente ansioso e tenso *aumenta a probabilidade* de ter pensamentos ansiosos.

PENSAMENTO AUTOMÁTICO

Os pensamentos têm um propósito importante – eles nos ajudam a avaliar as situações, fazer julgamentos rápidos, formar soluções potenciais e considerar o que poderia acontecer se agíssemos de determinada maneira. Na verdade, somos tão dependentes do pensamento que às vezes nem percebemos o que estamos fazendo! Isso é o que queremos dizer ao nos referirmos ao *pensamento automático*.

O pensamento automático acontece rapidamente e sem percepção consciente. Há uma razão para isso: ser capaz de pensar rapidamente é adaptativo. Você toma centenas de decisões em um determinado dia, incluindo o que comer, o que vestir, como chegar ao trabalho ou à escola, em quais projetos trabalhar, que música ouvir, o que assistir na TV, a que horas ir para a cama... essa é a ideia. Isso é muita informação para seu cérebro organizar! Se o processo de pensamento fosse deliberado e lento, levaríamos muito tempo para avaliar uma situação e determinar nosso curso de ação. Na maior parte do tempo, o pensamento automático funciona muito bem para nós. Requer menos esforço do nosso cérebro e nos permite avaliar situações sociais, formar julgamentos rápidos e tomar decisões eficientes.

Entretanto, às vezes o pensamento automático cria problemas indesejados. Ou seja, nosso cérebro desenvolve atalhos que levam a erros e conclusões irracionais. Esses atalhos mentais nos permitem pensar com eficiência, mas são propensos e contribuem para coisas como estereótipos e preconceito. Imagine que você precisa comprar um presente de aniversário para a filha de 5 anos do seu amigo e presume que ela gostaria de ganhar uma boneca em vez de um carrinho de brinquedo. Embora este possa ser um exemplo relativamente favorável, às vezes os estereótipos podem ser prejudiciais porque são suposições generalizadas demais. Da mesma forma, os atalhos mentais podem contribuir para vieses de pensamento que levam à ansiedade problemática.

RACIOCÍNIO EMOCIONAL

Muitas vezes, os pensamentos que "parecem" ameaçadores para nós têm maior probabilidade de serem tratados como "fatos". Por exemplo, enquanto Sofia espera seu filho retornar a ligação, ela pode se sentir tão ansiosa que presume que algo terrível *deve* ter acontecido, mesmo que não haja outras evidências de que ele esteja em perigo. É normal que pensamentos ameaçadores sejam tratados como verdades absolutas. Na verdade, nossos cérebros são programados para levar a sério as informações ameaçadoras, pois ignorá-las pode colocar nossa sobrevivência em risco. A análise de como você passa pelas situações com base em *sentimentos*, e não em *fatos*, é conhecida como *raciocínio emocional*.

O raciocínio emocional é comum para todas as pessoas. Considere o pensamento automático – é mais eficiente pensar com base na *emoção* do que na *lógica* e na *razão* (o que exigiria uma análise da informação muito mais substancial e trabalhosa). Considere uma pessoa que tem um "bom pressentimento" para a loteria e compra uma raspadinha, e acaba se juntando à decepção de milhões de outras pessoas. Ou outra pessoa que presume que seu colega de trabalho está intencionalmente tentando "puxar seu tapete" porque "teve uma sensação" de que a pessoa não gostava dela. Ou uma terceira pessoa que "sabe" que seu parceiro o está traindo, simplesmente porque ele "sente" ciúmes. Todos esses são exemplos de raciocínio emocional, ou presunção de que algo é verdadeiro simplesmente porque se sente que é verdade. No caso da ansiedade problemática, é exatamente *porque* somos mais propensos a tratar pensamentos como fatos quando estamos ansiosos que precisamos analisar nossos pensamentos *quando* nos sentimos ansiosos.

DESAFIANDO SEUS PENSAMENTOS

O imperador romano (e outro filósofo estoico) Marco Aurélio (121-180 d.C.) disse: "Se você está sofrendo por coisas externas, não são elas que estão te perturbando, mas o seu próprio julgamento sobre elas. E está em seu poder anular este julgamento agora". Por "julgamento", ele se refere à interpretação, o que, conforme discutimos anteriormente, pode influenciar a dor ou o sofrimento ansioso que experimentamos. Mas Marco Aurélio foi um pouco mais além, dizendo que temos a capacidade de rejeitar as interpretações que fazemos. Isso significa que podemos fazer algo sobre nosso pensamento. Temos a capacidade de desacelerar e ter consciência dos pensamentos automáticos e, então, avaliar se eles são realistas. Ao longo deste módulo, vamos ensinar a você: 1) como identificar padrões problemáticos de pensamento ansioso; e 2) como desafiar seus pensamentos ansiosos. Isso o ajudará a interromper o círculo vicioso da ansiedade.

Como o pensamento é automático e você vem pensando da mesma maneira há muito tempo, inicialmente pode ser difícil aprender essas habilidades. Aprender a observar seu pensamento é uma habilidade que requer paciência e prática. No começo, será difícil desacelerar e observar seu pensamento, mas continue trabalhando nisso. Você não está sozinho! Lembre-se de que você pode usar seus *sentimentos* de ansiedade como um sinal de que pode haver pensamentos automáticos, irracionais e ansiosos sob superfície que precisam ser analisados. Como você viu no modelo de ansiedade na Seção III do Módulo 1, pensamentos sobre algum possível desfecho ruim são um componente importante de se sentir ansioso, e muitas vezes isso leva a sensações físicas e comportamentos relacionados à ansiedade. Então, mesmo que você não esteja ciente de quais são esses pensamentos, use seus sentimentos como um indicador de que é hora de desacelerar e prestar atenção aos seus pensamentos. Se você fizer isso consistentemente, começará a notar mais padrões, e os pensamentos se tornarão mais fáceis de detectar.

ARMADILHAS DO PENSAMENTO ANSIOSO

Todas as pessoas (mesmo aquelas sem ansiedade problemática) estão propensas a cair em "armadilhas" do pensamento. Tais armadilhas são inevitáveis porque usamos atalhos do pensamento, e na maioria das vezes esses atalhos não nos causam problemas. No entanto, às vezes esses atalhos criam dificuldades, como a ansiedade problemática. Para pessoas com essa condição, são duas as principais armadilhas do pensamento: *superestimação da probabilidade* e *catastrofização*. Exploraremos ambas com mais detalhes.

Seção I
Superestimação da probabilidade

A superestimação da probabilidade é um dos tipos mais comuns de armadilhas do pensamento para pessoas com ansiedade problemática. A superestimação da probabilidade envolve fazer uma avaliação imprecisa ou irracional de que um evento improvável é bastante provável. As pessoas que caem nessa armadilha confundem possibilidade com probabilidade. Um exemplo comum de superestimação da probabilidade é o medo de entrar em um avião porque ele pode cair. Para as pessoas que experimentam esse tipo de medo, a probabilidade de um acidente pode parecer muito alta. No entanto, as viagens aéreas são um dos meios de transporte mais seguros. Nos últimos 10 anos, ocorreram aproximadamente 300 acidentes em voos comerciais. Esse número pode parecer alto, mas a estimativa é de cem mil voos *por dia*, ou 3,5 milhões de voos *por ano*. Assim, a probabilidade de um acidente aéreo nos últimos 10 anos foi de aproximadamente 0,0000004, ou menos de um em um milhão (Aviation Safety, 2018). Se você considerar que menos de um terço dos acidentes aéreos resultam em fatalidades, a probabilidade de um acidente aéreo fatal diminui ainda mais. Você pode ver onde isso vai dar: embora um acidente aéreo seja *possível*, é extremamente improvável.

Vamos analisar outro exemplo de um dos personagens do seu livro de exercícios, Sofia:

Sofia está em casa, escrevendo um e-mail para um amigo. De repente, ela sente uma dor aguda na nuca. A dor é intermitentemente aguda e latejante. Ela começa a ficar com os ombros tensos e esfregar o pescoço e a cabeça. Sua boca fica seca. Ela está pensando consigo mesma: "E se eu estiver tendo um derrame?". Ela fecha o e-mail e começa a fazer uma busca dos seus sintomas na internet. Ela liga para seu marido para ver se ele acha que ela deve ir ao médico ou ligar para o 911. Ela começa a ficar em pânico.

Você deve ser capaz de reconhecer cada componente do ciclo de ansiedade. Sofia está experimentando pensamentos ansiosos ("E se eu estiver tendo um derrame?"), sensações físicas ansiosas (tensão, boca seca) e comportamentos ansiosos (pesquisando seus sintomas, ligar para o marido). Sobretudo, Sofia está se sentindo ansiosa e se comportando de forma ansiosa *precisamente* porque ela está interpretando sensações físicas ambíguas (latejantes) como potencialmente fatais. Se Sofia pensasse "Devo estar tendo uma dor de cabeça", provavelmente tomaria algum medicamento e retomaria suas atividades sem qualquer preocupação. Lembre-se de que o pensamento ansioso leva a sentimentos e comportamentos ansiosos. Sofia está em pânico porque *acredita* que possa estar tendo um derrame. Ela está caindo na comum armadilha do pensamento de *superestimação da probabilidade*, supondo que um evento improvável (ter um derrame) é altamente provável. Sofia também está engajada no raciocínio emocional: ela se *sente* ansiosa sobre a dor e, por isso, acredita que *deve ser verdade* que algo está errado. Sentimentos ansiosos levaram seu cérebro a chegar a uma conclusão baseada na ansiedade. Felizmente, podemos ajudar Sofia a ajustar seu pensamento e interromper esse círculo vicioso de ansiedade. Vamos dar uma olhada em como isso funciona.

DESAFIANDO A SUPERESTIMAÇÃO DA PROBABILIDADE

Para combater a superestimação da probabilidade, você precisará aprender a considerar outros fatos e possibilidades sobre uma situação que induz a ansiedade *sem* tirar conclusões precipitadas ou fazer generalizações excessivamente amplas. Sofia chegou a uma conclusão precipitada ("Estou tendo um derrame") sem considerar todos os fatos e possibilidades. Considerar outras possibilidades e avaliar as evidências é crucial porque julgamentos e previsões com base no raciocínio emocional têm grande probabilidade de serem tendenciosos.

Existem cinco etapas para combater a superestimação da probabilidade. Vamos analisar cada etapa, usando como exemplo o medo de Sofia de ter um derrame para ilustrar como isso funciona na prática.

Etapa 1. Observe seu pensamento e trate seus pensamentos como *hipóteses*. O primeiro passo para mudar algo é ter consciência de que está acontecendo. Isso certamente é verdadeiro com o nosso pensamento, pois, como apontamos anteriormente, acontece de forma automática, rápida e frequente fora da nossa consciência imediata. Use seus sentimentos ansiosos como indicador de que existem pensamentos ansiosos à espreita sob a superfície.

Depois de observar que está se sentindo ansioso, anote seus pensamentos na folha de exercícios "Desafiando a superestimação da probabilidade", fornecida ao final desta seção e no material complementar do livro em loja.grupoa.com.br. Escrever vai ajudar você a ter mais habilidade para *desacelerar* e *observar* seus pensamentos. Ao anotar um pensamento, pergunte-se: "Quão verossímil é esse pensamento?". Sugerimos que você classifique a confiabilidade inicial do pensamento em uma escala de 0 (nada verossímil) a 100 (totalmente verossímil, absolutamente verdadeiro). No início, principalmente nos momentos mais ansiosos, é provável que você classifique seus pensamentos como altamente verossímeis, entre 75 e 100. Isso é normal. Lembre-se de que nossos cérebros são programados para tratar os pensamentos como fatos. Se tiver dificuldade para identificar seus pensamentos ansiosos, lembre-se de que eles geralmente vêm na forma de previsões de que algo pode dar errado no futuro ("Se ... acontecer, então ..."). Revise "O componente cognitivo da ansiedade" se precisar de uma revisão mais detalhada sobre seus pensamentos. Vamos dar uma olhada no exemplo de Sofia, que pode ser mais ou menos assim:

Situação	Pensamento (Quão confiável é o pensamento, de 0 a 100?)	Sensações físicas e sentimentos	Comportamento	SUDS
Cabeça começa a latejar	Estou tendo um derrame (80)	Boca seca, tensão, pânico	Pesquisa os sintomas, liga para o marido	85

Você vai ver que também incluímos espaço para anotar as sensações físicas e os comportamentos. Embora estejamos focando em pensamentos neste módulo, identificar as sensações físicas é uma boa prática para entender melhor o seu ciclo de ansiedade e também pode ajudá-lo a detectar o raciocínio emocional.

Etapa 2. Avalie as evidências *a favor* e as evidências *contra* a previsão. Agora comece a avaliar as evidências que apoiam ou refutam seu pensamento. Isso o ajudará a pensar de maneiras mais racionais, em vez de emocionais. O que é evidência, exatamente? As evidências são guiadas por fatos e baseadas em informações objetivas que você poderia apresentar a um juiz no tribunal, em vez de "sentimentos" ou opiniões. Quando estamos muito ansiosos, é fácil nos envolvermos no *raciocínio emocional*, o que faz com que tratemos sentimentos subjetivos como evidências. Mas as evidências são observáveis ou verificáveis por outras pessoas, o que significa que não são baseadas apenas em nossa perspectiva. Ao examinar as evidências, evite pensamentos e sentimentos subjetivos e atenha-se aos fatos! Voltemos ao exemplo de Sofia. Quais das seguintes podem ser evidências que apoiam o pensamento dela?

☐ História familiar de doença vascular

☐ Dor de cabeça

☐ "Acho que a minha visão ficou turva"

☐ "Nunca senti uma dor como esta antes"

Os dois primeiros seriam exemplos de evidências, pois são observáveis, verificáveis e baseados em fatos, não em percepções. Os outros dois são interpretações, e, portanto, não contam como evidências. O pensamento de Sofia sobre nunca ter sentido dor como aquela antes é baseado em uma percepção subjetiva, provavelmente influenciada pelo seu medo sobre o que essa dor significa. Ela não pode comparar sua dor atual com experiências passadas, logo, essa não é uma boa evidência. Tudo o que ela pode dizer é que tem dor de cabeça.

Encontrar evidências "contra" um pensamento específico pode ser mais desafiador porque requer a consideração de ideias alternativas que não são tão naturais ou automáticas. Todos os seres humanos são propensos a buscar informações que apoiem suas crenças e ignoram, ou desconsideram, informações que vão contra elas, um fenômeno denominado *viés de confirmação*. Isso é especialmente difícil quando estamos experimentando ansiedade problemática. Porém, persista e seja paciente consigo mesmo, sobretudo no início. Você também pode obter a perspectiva de outra pessoa para ajudá-lo a gerar evidências, pois uma perspectiva externa pode buscar evidências mais objetivas. Você consegue pensar em possíveis evidências que iriam contra o pensamento de Sofia de que ela está tendo um derrame? Vamos dar uma olhada no quadro de Sofia sobre as evidências a favor e contra:

Evidências a favor	Evidências contra
História familiar de derrame	Relativamente jovem
Dor de cabeça	Estilo de vida saudável
	Nenhum outro sintoma de derrame

Etapa 3. Explore possibilidades alternativas e avalie suas evidências. Agora é hora de considerar possibilidades ou explicações alternativas. Mais uma vez, queremos enfatizar que esta é uma habilidade difícil, que não acontece naturalmente para a maioria das pessoas. A maioria de nós não está acostumada a pensar de maneira deliberada e racional quando se sente ansiosa. Entretanto, esse é o momento mais importante para usar essa habilidade, pois é quando você está mais propenso a pensar de maneira tendenciosa. Considere algumas dessas perguntas para ajudá-lo a formular possibilidades alternativas:

- Que explicação(ões) eu sugeriria a um amigo?
- O que me levou a acreditar nisso? Existem outras conclusões?
- Que outra explicação haveria [para a dor de cabeça]?
- O que mais poderia causar [dor de cabeça]?
- Se outra pessoa estivesse sentindo [dor de cabeça], o que eu pensaria?

Antes de retornar ao exemplo de Sofia, você consegue pensar em algumas explicações *alternativas* possíveis para sua dor de cabeça? Continue lendo para ver o que ela anotou.

Alternativas	Evidências a favor	Evidências contra
É o início de uma dor de cabeça	Dor de cabeça	Os olhos não parecem secos e cansados
Meus olhos estão cansados de olhar para a tela do computador	Propensa a dores de cabeça	Não me sinto cansada
Estou cansada	Fiquei no computador por muito tempo	Dor de cabeça
Não é nada	Não dormi o suficiente na noite passada	
	Às vezes, o corpo faz coisas aleatórias	

Essa etapa talvez seja a parte mais difícil do exercício. É comum que as pessoas achem que essa parte é forçada ou falsa. Tendo trabalhado com muitas pessoas com ansiedade problemática, frequentemente ouvimos as pessoas dizerem: "Bem, sim, mas não parece verdade" ou "Isso não é genuíno" ou "Ainda não acredito". Isso não é motivo para desistir do exercício. Na verdade, é um sinal de que você está fazendo isso corretamente. Isso ocorre porque você está realmente pensando em outras explicações possíveis, em vez de apenas reagir ao seu pensamento automático inicial. Se todas as explicações alternativas "parecessem" verdadeiras, você não ficaria ansioso e provavelmente não teria precisado fazer o exercício. Os seres humanos se envolvem no raciocínio emocional por hábito e, por isso, levará tempo para terem habilidade nesse exercício. Mantenha-se nele!

Etapa 4. Determine a probabilidade real. Agora, você pode determinar ou calcular a probabilidade real. Usando as informações disponíveis, você vai determinar a probabilidade real do desfecho negativo previsto. Isso é feito avaliando quantas vezes o evento realmente ocorreu dividido pelo número de vezes que você se encontrou em uma situação similar ou teve uma preocupação semelhante sobre o resultado temido. Você pode se perguntar: "Quantas vezes X aconteceu ou não aconteceu?". Nesse caso, Sofia iria determinar o número de vezes que teve um derrame (0 vezes) e dividir isso pelo número de vezes que ela sentiu dor de cabeça. Calcular essa segunda parte pode envolver alguma estimativa, mas é uma parte importante desse exercício, então não desista rapidamente. Vamos analisar juntos o exemplo de Sofia. Ela estima que sente dor de cabeça duas vezes por mês (ou 24 dores de cabeça por ano). Ela não se lembra de ter tido dores de cabeça quando jovem, mas sente dores de cabeça e dores regulares desde os 20 e poucos anos. Portanto, ela estima 24 dores de cabeça por ano, multiplicadas por 30 anos, que é um total de 720 dores de cabeça em sua vida adulta. Assim, a probabilidade real é de 0 em 720. Determinar a probabilidade real fornecerá dados reais (em vez de dados emocionais) para informar seu pensamento. Dê uma olhada no formulário de Sofia:

A.	Quantas vezes essa situação ocorreu [dor de cabeça] ou quantas vezes eu tive esse pensamento?	720
B.	Quantas vezes isso se tornou realidade? Quantas vezes [o resultado temido] aconteceu?	0
C.	Qual é a real probabilidade? (Divida o número em "B" pelo número em "A".)	0%

Etapa 5. Crie uma interpretação alternativa mais provável. A etapa final é gerar um pensamento alternativo e mais realista. Comece revisando as informações que você reuniu nas etapas 2 a 4. O que você conclui a partir das evidências, das explicações alternativas e da probabilidade real? Faça a si mesmo a seguinte pergunta: "Qual é a possibilidade mais realista?". Que interpretações alternativas você pode gerar para Sofia? Termine o exercício avaliando a confiabilidade dos novos pensamentos em uma escala de 0 (nada inconfiável) a 100 (completamente confiável, absolutamente verdadeiro). Também sugerimos que você volte e *re*avalie a confiabilidade do pensamento inicial que teve. Vamos dar uma olhada na parte final do formulário de Sofia:

	Pensamentos	Confiabilidade
Depois de examinar as evidências, avalie a confiabilidade do pensamento original.	Pensamento original: Estou tendo um derrame.	35
Qual é a possibilidade mais realista? Avalie a confiabilidade desse pensamento.	Pensamento alternativo: Parece ser muito mais provável que eu esteja apenas cansada ou tendo uma dor de cabeça.	60
O que posso dizer a mim mesmo no futuro?	Embora certamente seja possível que algo esteja errado, as evidências sugerem que é muito improvável.	60

Considerações adicionais

Queremos enfatizar três pontos importantes sobre a construção de pensamentos alternativos. Inicialmente, não é incomum que as pessoas *sintam* que os pensamentos alternativos, que elas geram ao final do exercício, não são totalmente confiáveis. Isso acontece devido à natureza do raciocínio emocional. É simplesmente mais fácil para nosso cérebro *pensar* de forma ansiosa quando estamos nos *sentindo* ansiosos. Lembre-se de que nosso cérebro é programado para levar a sério os sentimentos ansiosos e, portanto, é difícil pensar de maneiras alternativas (ou não ansiosas) quando nos sentimos ansiosos. No entanto, verifique e veja se fazer esse exercício muda a confiabilidade do seu pensamento ansioso original. Mesmo as pequenas mudanças são um grande progresso! Com prática repetida e consideração das alternativas, a confiabilidade continuará a diminuir.

O segundo ponto que vale a pena enfatizar é que contestar pensamentos ansiosos *não* é o mesmo que "pensar positivo" ou substituir "maus" pensamentos por "bons" pensamentos. Na verdade, o propósito desse exercício *não* é gerar pensamentos tendenciosos na outra direção. Por exemplo, não encorajaríamos Sofia a chegar à conclusão "Estou perfeitamente bem e nada de mal jamais vai me acontecer!". Isso seria irracional e verdadeiramente artificial, pois também não é baseado em evidências. Em vez disso, o objetivo é examinar as evidências a favor e contra um pensamento automático e, então, encontrar uma alternativa mais *realista*.

Por fim, ao passar pelas etapas para desafiar a superestimação da probabilidade, você pode descobrir que as etapas 2, 3 e 4 são mais ou menos úteis, ou mesmo se tornam redundantes para certos pensamentos. Por exemplo, calcular as chances reais de um acidente aéreo pode ser particularmente útil, enquanto avaliar evidências para explicações alternativas pode funcionar quando você escuta um barulho quando está sozinho em casa. Se isso acontecer, faça o que funciona melhor para você. O importante é que você esteja: 1) questionando seus pensamentos automáticos; e 2) considerando alternativas possíveis.

Por fim, a superestimação da probabilidade envolve fazer uma avaliação imprecisa ou irracional de que um evento improvável é bastante provável. A superestimação da probabilidade pode ser combatida avaliando as evidências *a favor* e *contra* o pensamento, explorando explicações alternativas e calculando a probabilidade real.

REVISÃO DA SEÇÃO: PONTOS PRINCIPAIS

- Os pensamentos, e não as situações isoladas, conduzem nossas emoções e comportamentos. Estar cronicamente ansioso e tenso aumenta a probabilidade de ter pensamentos ansiosos.

- Pensamentos automáticos são pensamentos que ocorrem rapidamente e muitas vezes sem percepção consciente. Esses pensamentos podem ser facilmente tendenciosos, como quando fazemos julgamentos sobre situações com base em *sentimentos,* em vez de *fatos.* Isso é chamado de raciocínio emocional.

- As armadilhas do pensamento são comuns, mesmo para pessoas sem altos níveis de ansiedade. Uma das armadilhas do pensamento mais comuns para pessoas com ansiedade é a superestimação da probabilidade, que envolve exagerar a probabilidade de um resultado ruim acontecer.

- Os indivíduos podem contestar a superestimação da probabilidade, considerando as evidências a favor e contra um pensamento ansioso, estimando as chances reais de ocorrer um resultado negativo e gerando explicações alternativas e possibilidades mais prováveis.

PRATIQUE EM CASA

- **Desafie a superestimação da probabilidade:** continue seu automonitoramento, mas esta semana use o formulário "Desafiando a superestimação da probabilidade", na próxima página, para praticar como desafiar seus pensamentos. Tente preencher o formulário para pelo menos três pensamentos de superestimação da probabilidade.

DESAFIANDO A SUPERESTIMAÇÃO DA PROBABILIDADE

Etapa 1: Observe seu pensamento.

Situação	Pensamento (Quão confiável é o pensamento, de 0 a 100?)	Sensações físicas e sentimentos	Comportamento	SUDS

Etapa 2: Avalie as evidências "a favor" e "contra" o pensamento.

Evidências a favor	Evidências contra

Etapa 3: Explore possibilidades alternativas e avalie suas evidências.

Alternativas	Evidências a favor	Evidências contra

Etapa 4: Determine a probabilidade real.

A.	Quantas vezes essa situação já ocorreu ou quantas vezes já tive esse pensamento?	
B.	Quantas vezes isso já se tornou realidade? Quantas vezes [desfecho temido] aconteceu?	
C.	Qual é a probabilidade real? (Divida o número em "B" pelo número em "A".)	

Etapa 5: Crie uma interpretação alternativa e reavalie a confiabilidade do pensamento inicial.

	Pensamentos	**Confiabilidade**
Depois de analisar as evidências, avalie a confiabilidade do pensamento original.	Pensamento original:	
Qual é a possibilidade mais realista? Avalie a confiabilidade desse pensamento.	Pensamento alternativo:	
O que posso dizer a mim mesmo no futuro?		

Seção II
Catastrofização

Às vezes, as pessoas descobrem que, mesmo quando avaliam com precisão a probabilidade de algo dar errado, elas ainda estão ansiosas porque o resultado negativo com o qual estão se preocupando parece insuportável. Isso nos leva a uma segunda armadilha do pensamento comum que afeta indivíduos ansiosos, o que chamamos de *catastrofização* ou *pensamento catastrófico*. O pensamento catastrófico envolve dois erros no pensamento: 1) assumir que uma situação indesejável é intolerável; e 2) subestimar sua capacidade de enfrentá-la. Essencialmente, o pensamento catastrófico é dar muita importância a algo que não é grande coisa. Devido ao efeito do raciocínio emocional, é comum que indivíduos que estão se sentindo ansiosos pensem que uma situação ruim é um desastre. Entretanto, as reais catástrofes são situações que não podem ser retificadas, e elas são extremamente raras. Perder uma pessoa amada em um acidente repentino é uma catástrofe. Ser incapaz de alimentar a si mesmo e a seus filhos é uma catástrofe. Mas se esquecer de pagar as contas não é uma catástrofe. Chegar atrasado a um compromisso não é uma catástrofe. Até mesmo perder o emprego não é necessariamente uma catástrofe. É uma situação ruim, mas pode ser consertada.

A adoção de um estilo de pensamento que transforma tudo em uma crise, mesmo que não seja, é chamado de pensamento catastrófico. Pense nas situações ruins em um espectro que varia desde inconveniências leves até verdadeiras catástrofes. A seguir, apresentaremos um "Espectro de catástrofes", que mostra onde determinados eventos negativos provavelmente se enquadram para a maioria das pessoas com relação à verdadeira gravidade do resultado e à intensidade da emoção justificada. Obviamente, a posição exata dos eventos nessa escala é um tanto subjetiva e irá variar com base nas suas circunstâncias e seus valores pessoais, então considere a criação do seu próprio "Espectro de catástrofes" com pontos de ancoragem personalizados ao longo da escala.

Espectro de catástrofes

Inconveniência leve - Sem consequência significativa - Levemente incômodo		Problema moderado - Um problema real, mas consegue lidar - Moderadamente perturbadora		Verdadeira catástrofe - Recuperação extremamente difícil - Extremamente estressante
├──	─┼─	─┼─	─┼─	─┤
0	25	50	75	100

Severidade do desfecho

Intensidade da emoção justificada

Atrasar-se 5 minutos para compromisso

Esquecer de pagar as contas

Magoar os sentimentos de um amigo

Ser demitido

Desastre natural importante

Perder uma pessoa amada

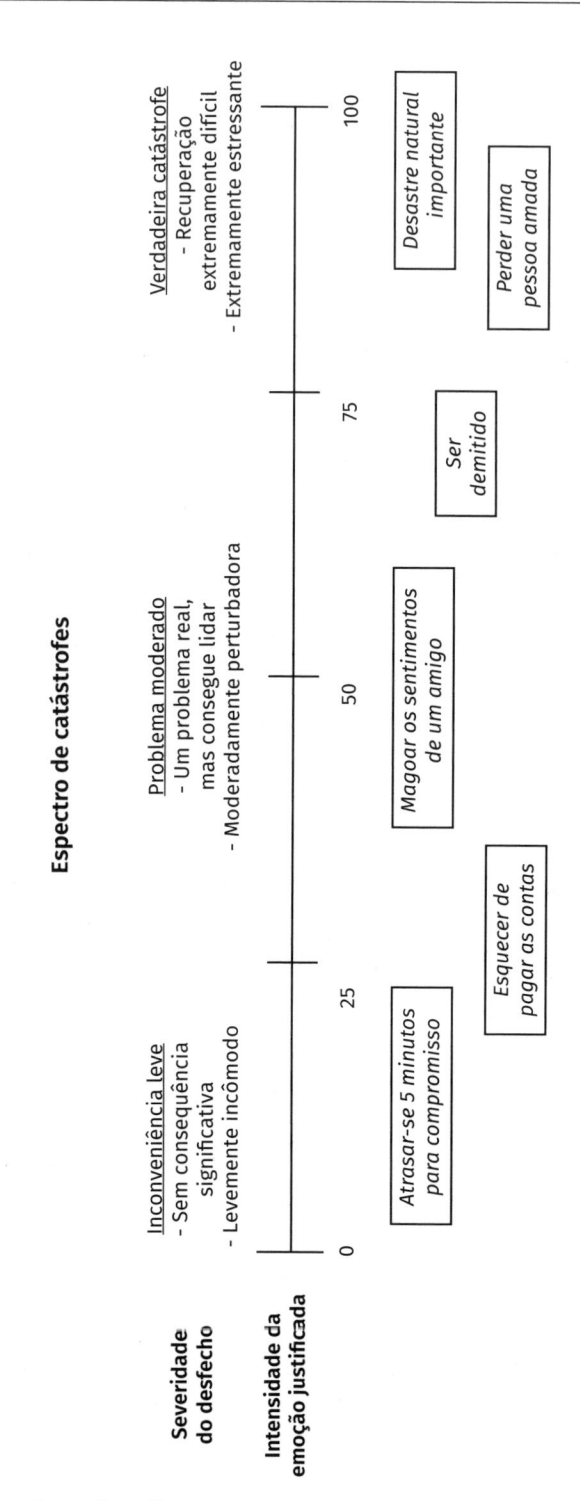

FIGURA 3.1 Espectro de catástrofes.

Vamos dar uma olhada em um exemplo de uma personagem do seu livro de exercícios, Jill:

É uma tarde de sexta-feira, e Jill está se preparando para ir para casa, para o fim de semana. Ela está ansiosa para se encontrar com amigos para jantar e ir a uma aula de ginástica no domingo. Às 17 horas, ela recebe um e-mail do seu chefe, solicitando um relatório para um cliente na segunda-feira. O chefe explica que esse relatório pode ser um rascunho, mas é necessário tê-lo até segunda-feira pela manhã porque o cliente tem um status VIP. O rosto de Jill fica quente, seu peito aperta e ela começa a ficar com falta de ar. Ela começa a pensar que isso é terrível e que não é possível entregar um bom relatório a tempo, presumindo que o relatório, independentemente do que conseguir fazer, será de péssima qualidade. Ela decide cancelar todos os compromissos imediatamente e fica no trabalho até as 22 horas, com planos de retornar na manhã seguinte. Durante a noite, enquanto trabalha, ela se percebe tendo preocupações intrusivas e incontroláveis de que o relatório ficará incompleto e mal escrito. Ela também está preocupada sobre como esse trabalho está afetando sua qualidade de vida e a capacidade para dormir. Ela sente que toda a situação é insuportável e, consequentemente, se sente ansiosa, irritada e estressada.

Você consegue reconhecer cada componente do ciclo de ansiedade? Jill está tendo pensamentos ansiosos e se preocupa com a sua capacidade de produzir um relatório de qualidade dentro do prazo, além do impacto que isso tem na sua vida. Ela tem sensações físicas de ansiedade (rubor facial, músculos do peito contraídos, falta de ar) e comportamentos ansiosos (cancelar todos os compromissos sociais, trabalhar até tarde). Sobretudo, Jill está se sentindo ansiosa e se comportando de forma ansiosa *precisamente* porque ela está interpretando o resultado negativo potencial nessa situação (entregando um relatório abaixo do padrão) como um desastre. Como ela acha que um relatório menos do que perfeito seria inaceitável, ela trabalha até tarde e cancela seus planos, o que agrava ainda mais sua ansiedade em relação ao trabalho. Seu pensamento ansioso provoca sentimentos e comportamentos ansiosos, o que, por sua vez, torna as preocupações ainda mais fortes, e ela começa a pensar que a situação é intolerável. Jill está caindo na armadilha comum do pensamento de *catastrofização*. Ela está presumindo que entregar um produto inacabado será uma crise, mesmo que seu chefe tenha indicado que não teria problema. Felizmente, podemos ajudar Jill a corrigir esse padrão de pensamento destrutivo e interromper esse círculo vicioso de ansiedade. Vamos dar uma olhada em como isso funciona.

DESAFIANDO O PENSAMENTO CATASTRÓFICO

Para desafiar o pensamento catastrófico, é necessário desacelerar a mente e considerar a *gravidade real* de um resultado, além do que você faria, de forma realista, para lidar com a situação *se* ela se concretizasse. Lembre-se de que um pensamento ansioso catastrófico tem grande probabilidade de ser tendencioso porque, assim como a *superestimação da probabilidade*, ele é baseado no raciocínio emocional. Vamos apresentar um método específico para desafiar o pensamento catastrófico chamado de abordagem "e daí?", que envolve pensar nas consequências reais do resultado temido para determinar sua real gravidade e identificar maneiras de lidar com isso. Existem três etapas específicas para combater o pensamento catastrófico. Voltemos à situação de Jill para demonstrar como isso funciona na prática.

Etapa 1. Observe seus pensamentos e trate-os como *hipóteses*. Lembre-se de que a consciência é o primeiro passo para mudar o comportamento. Para desafiar o pensamento catastrófico, primeiro você precisa ter consciência do que está acontecendo. Assim como a *superestimação da probabilidade*, a *catastrofização* acontece rapidamente na forma de um pensamento automático. Lembre-se de que seus sentimentos ansiosos são um bom indicador de pensamentos ansiosos possivelmente tendenciosos. Depois de observar que está se sentindo ansioso, escreva seus pensamentos no papel. Para o pensamento catastrófico, sugerimos que use a folha de exercícios "Desafiando o pensamento catastrófico", fornecida ao final deste módulo e em loja.grupoa.com.br. Incentivamos você a escrever à mão seus pensamentos para facilitar a desaceleração e aumentar a consciência. Enquanto escreve cada pensamento, pergunte-se: "Quão confiável é esse pensamento?", e então avalie a confiabilidade inicial do pensamento em uma escala de 0 (nada confiável) a 100 (completamente confiável, absolutamente verdadeiro).

Vamos dar uma olhada no exemplo de Jill, que pode ser mais ou menos assim:

Situação	Pensamento (Quão confiável é o pensamento, de 0 a 100?)	Sensações físicas e sentimentos	Comportamento	SUDS
Chefe pede o relatório na tarde de sexta-feira	Este relatório será completamente terrível (100)	Rosto ruborizado, tensão, respiração curta	Cancela os planos, trabalha até tarde	95

Etapa 2. Determine a verdadeira gravidade do resultado. Agora identifique a verdadeira gravidade do resultado temido. Quando as pessoas se envolvem em pensamentos catastróficos, elas tendem a exagerar em relação à gravidade deles. Para auxiliá-lo a avaliar de forma realista a gravidade da situação, tente se perguntar "e daí?". A abordagem "e daí?" não deve ser confundida com uma atitude "quem se importa?". Não estamos sugerindo que você não deva se importar se coisas ruins acontecem ou não. O objetivo é desenvolver uma perspectiva realista sobre as reais consequências de um resultado negativo. Pense na abordagem "e daí?" como um método de fazer perguntas como: "E daí, o que acontece a seguir?" e "Se isso acontecer, e daí?". Essa abordagem é sobre acompanhar o pensamento até seu resultado lógico e, então, se perguntar: "Quão ruim isso realmente seria?". Voltemos a Jill para ver como isso funciona:

Perguntas para fazer a si mesmo	Suas respostas
O que você teme que aconteça?	O relatório não será finalizado a tempo e vou entregar um projeto terrível ao meu chefe.
E daí, o que acontece a seguir se isso ocorrer?	Meu chefe pode ficar incomodado comigo.
Se isso acontecer, o que virá a seguir?	Meu chefe provavelmente falaria comigo, perguntaria o que está errado.
O que mais aconteceria?	O cliente ficaria desapontado, poderia optar por ir embora. Meu chefe poderia ficar ainda mais incomodado.

Etapa 3. Identifique suas estratégias de enfrentamento. Agora identifique suas estratégias de enfrentamento, ou seja, o que você poderia fazer se o resultado se tornasse realidade. Esta é uma etapa crucial, porque os indivíduos que catastrofizam geralmente esquecem dos recursos que têm para lidar com uma situação, caso ela aconteça. É menos provável que você pense que algo é importante caso se sinta confiante na sua capacidade de lidar com ela! Para orientá-lo na identificação de suas habilidades e estratégias de enfrentamento, há várias perguntas que você pode se fazer. Considere essas perguntas para Jill, que está catastrofizando sua situação no trabalho:

Perguntas para fazer a si mesmo	Suas respostas
Isso [resultado temido] já aconteceu antes?	Uma vez, entreguei um relatório em que faltava uma seção e nem me dei conta. Nunca perdi um cliente antes.
O que você fez antes?	Me desculpei e, depois, concluí a seção que faltava; meu chefe nem se incomodou.
O que você poderia fazer se isso acontecesse?	Eu poderia falar com meu chefe sobre como melhorar o relatório. Poderíamos garantir que na próxima vez tivéssemos tempo suficiente para fazer um trabalho melhor. Não poderia fazer muito se perdêssemos o cliente.
Com quem você poderia contar para ajudá-lo a lidar com a situação, caso isso ocorresse?	Meu chefe (temos uma boa relação e enfrentaríamos isso), colegas, amigos.
Que habilidades ou recursos você poderia aplicar se isso acontecesse?	Ser esforçada, aberta ao feedback, tentaria abordar isso com meu chefe.

Etapa 4. Crie uma interpretação alternativa mais provável. Assim como fizemos na seção anterior, a última etapa consiste em gerar um pensamento alternativo mais realista. Para fazer isso, considere suas respostas ao exercício "e daí?". Reveja suas estratégias de enfrentamento. O que você conclui das evidências que coletou? Para guiá-lo nessa etapa, faça a si mesmo as seguintes perguntas: "Quão grave é a situação, na verdade?", "Qual é a sua capacidade de lidar com isso?". Conclua este exercício avaliando a confiabilidade dessas declarações alternativas. O que você acha da situação de Jill? Vamos dar uma olhada nas respostas dela a seguir:

	Pensamentos alternativos	Confiabilidade
Quão grave é a situação, na verdade, em uma escala de 0 a 100?	Eu não me sentiria bem de entregar um relatório incompleto, mas não havia muito tempo, então esse não é um reflexo real das minhas habilidades (20/100).	90
	Perder um cliente não seria bom, mas a empresa ficaria bem (40/100).	90
	Não gostaria se meu chefe ficasse incomodado comigo, mas eu me recuperaria (30/100).	75
O que você faz com sua capacidade de enfrentamento?	Eu enfrentaria isso, porque eu e meu chefe temos uma boa relação, e eu tenho amigos que me apoiam.	80

O que você pode dizer a si mesmo no futuro?	Não faço o meu melhor trabalho com essa pressão, mas não vai ser uma crise se eu não entregar algo perfeito.	80

Considerações adicionais

Devemos enfatizar um último ponto importante sobre o pensamento catastrófico. É difícil considerar todas as suas habilidades de enfrentamento, especialmente quando se sentir ansioso. Para ajudá-lo, listamos a seguir alguns exemplos de habilidades e estratégias de enfrentamento e características pessoais das quais você deve se lembrar, caso tenha pensamentos catastróficos. Você vai notar que alguns dos itens desta lista se aplicam em algumas situações, mas não a outras. Leia esta lista e circule os itens que se apliquem a você.

- Resiliência
- Forte rede de apoio social
- Capacidade de resolver problemas
- Colegas de trabalho que me apoiam
- Senso de humor
- Confiabilidade
- Determinação
- Inteligência
- Ambição
- Boas habilidades sociais
- Organização
- Bom em delegar
- Cooperativo
- Honesto
- Situação de vida estável

- Cônjuge ou parceiro que me apoia
- Criatividade
- Saúde física
- Relações familiares próximas
- Conjunto de habilidades altamente especializadas ou únicas
- Crenças religiosas
- Confiável
- Cordialidade interpessoal
- Acesso a assistência médica
- Trabalhador
- Orientado para os detalhes
- Chefe compreensivo
- Trabalha bem em equipe

- Vontade de aprender
- Aberto a *feedback*
- Educado
- Múltiplos *hobbies* e interesses variados
- Otimista
- Flexibilidade
- Capaz de realizar diversas tarefas
- Boas habilidades de gerenciamento do tempo
- Bom ouvinte
- Motivado
- Habilidades versáteis
- Perseverante
- Mente aberta
- Integridade

Você consegue pensar em outros itens que poderia acrescentar a esta lista? Comprometa-se em revisá-la na próxima vez que estiver pensando de forma catastrófica.

COMBINANDO SUPERESTIMAÇÃO DA PROBABILIDADE E CATASTROFIZAÇÃO

Muitas vezes, tanto a superestimação da probabilidade quanto o pensamento catastrófico estão presentes em nossos pensamentos ansiosos. Isso ocorre porque as pessoas presumem que um resultado negativo é muito mais provável do que realmente é, e então presumem que esse resultado seria um desastre, caso se tornasse realidade. Considere o exemplo de Elijah, que se preocupa com seu trabalho na faculdade: *"Vou perder o prazo para a tarefa e tirar uma nota ruim na disciplina"* ou *"Vou tropeçar nas minhas palavras durante a apresentação e ficar vermelho"*. Em tais situações, pode ser útil separar o pensamento e usar as técnicas descritas para cada parte individualmente. Por exemplo, *"Vou perder o prazo"* e *"Vou me atrapalhar com as minhas palavras"* são exemplos de superestimação da probabilidade. Você pode direcioná-los analisando as evidências a favor e contra tais crenças e calcular as chances de que esses resultados se concretizem, pois essa probabilidade pode não ser tão alta quando você pensou inicialmente. Vamos dar uma olhada em como isso iria funcionar para Elijah, usando o primeiro pensamento: "Vou perder o prazo para a tarefa e tirar uma nota baixa".

Na etapa 1, ele começaria a observar seu pensamento e identificar os vários componentes da sua preocupação. Aqui, ele também nomeia cada componente do pensamento para guiá-lo pelo exercício.

Situação	Pensamento (Quão confiável é o pensamento, de 0 a 100?)	Sensações físicas e sentimentos	Comportamento	SUDS
Iniciar uma tarefa da faculdade	Vou perder o prazo (superestimação da probabilidade) e tirar uma nota baixa (catastrofização) (75)	Aperto no peito, falta de ar, dor no pescoço, ansiedade	Procrastina e joga videogame	70

Na etapa 2, começaríamos a observar seu pensamento e identificar os vários componentes da sua preocupação. Você consegue pensar em outras coisas que Elijah poderia incluir?

Evidências a favor do pensamento "Vou perder o prazo"	Evidências contra o pensamento "Vou perder o prazo"
Tenho tempo limitado antes do prazo. Tenho muitos outros compromissos e tarefas.	Só perdi o prazo de uma tarefa, em anos de escola. Ainda tenho tempo antes do prazo.

No Passo 3, Elijah começa a considerar explicações alternativas e examina as evidências a favor e contra essas alternativas. Leia mais para ver o que ele elaborou. Faça um teste – você consegue pensar em algumas alternativas para Elijah?

Alternativas	Evidências a favor	Evidências contra
Não vou perder o prazo, mas não será um trabalho muito bom. Vou conseguir terminar a tarefa, não vou perder o prazo e vai ficar tudo bem. Vou entregar o trabalho com atraso. Vai acontecer alguma emergência, não vou conseguir concluir a tarefa e vou perder o prazo.	Nunca perdi um prazo nessa disciplina. Já fiz um bom trabalho nessa disciplina anteriormente. Estou ficando sem tempo.	Estou ficando sem tempo. Nunca passei por uma emergência que tivesse me impedido de fazer o trabalho.

A quarta etapa é determinar ou calcular a *probabilidade real* para fornecer dados reais (em vez de dados emocionais) para informar seu pensamento. Nesse caso, a probabilidade de perder o prazo é determinada analisando quantas tarefas Elijah já teve e quantas vezes ele realmente perdeu o prazo. Ele estima a situação com base em quantas disciplinas já concluiu no seu programa escolar até o momento (20) e quantos prazos já teve por disciplina (ele estima que sejam 3). Aqui está o que Elijah escreveu para sua previsão de que perderá o prazo:

A.	Quantas vezes essa situação já ocorreu [tarefa da disciplina] ou quantas vezes já tive esse pensamento?	60
B.	Quantas vezes isso já se tornou realidade? Quantas vezes [o desfecho temido] já aconteceu?	2
C.	Qual é a probabilidade real? ("Divida o número em "B" pelo número em "A".)	3%

Na última etapa, Elijah chega a um pensamento alternativo mais realista. Qual é a possibilidade mais realista para Elijah?

	Pensamentos	Confiabilidade
Depois de analisar as evidências, avalie a confiabilidade do pensamento original.	Pensamento original: Vou perder o prazo.	15
Qual é a possibilidade mais realista? Avalie a confiabilidade desse pensamento.	Pensamento alternativo: Parece muito mais provável que eu consiga entregar algo no prazo.	75
O que posso dizer a mim mesmo no futuro?	É improvável que eu perca o prazo; isso raramente aconteceu no passado.	80

Então, você poderia trabalhar na descatastrofização do desfecho temido; nesse caso, o medo de Elijah de receber uma nota baixa. Voltemos ao pensamento automático inicial de Elijah, focando no componente do pensamento que envolve catastrofização:

Situação	Pensamento (Quão confiável é o pensamento, de 0 a 100?)	Sensações físicas e sentimentos	Comportamento	SUDS
Trabalhando na tarefa da disciplina	Vou tirar uma nota baixa (100)	Aperto no peito, falta de ar, dor no pescoço, ansiedade	Procrastina e joga videogame	70

Você pode ajudar Elijah a avaliar a gravidade real desse possível desfecho?

Perguntas para fazer a si mesmo	Suas respostas
O que você teme que aconteça?	Vou tirar uma nota baixa.
E daí, o que vai acontecer a seguir se isso ocorrer?	Meu professor vai ficar desapontado.
Se isso acontecer, o que virá a seguir?	Eu posso ser reprovado na disciplina.
O que mais aconteceria?	Eu posso perder a minha bolsa.

Após concluir esse exercício, Elijah determina que, no "Espectro de catástrofes", é um 50, porque seria muito decepcionante, mas não uma crise.

A seguir, Elijah cria uma lista de estratégias de enfrentamento que poderia usar se seu temido resultado se tornasse realidade.

Perguntas para fazer a si mesmo	Suas respostas
Isso [desfecho temido] já aconteceu antes?	Já tive notas abaixo da média antes, mas nunca fui reprovado em uma disciplina.
O que você fez antes?	Compensei o trabalho com crédito extra.
O que você poderia fazer se isso acontecesse?	Eu poderia falar com meu professor sobre como melhorar a minha nota.
Com quem você poderia contar para ajudá-lo a enfrentar a situação se isso ocorresse?	Meu professor me ajudaria. Meus pais e amigos também ajudariam se eu pedisse.
Que habilidades ou recursos você poderia aplicar se isso acontecesse?	Criativo, bom na solução de problemas; poderia conseguir outro colega de quarto para reduzir as despesas (se perdesse a bolsa).

Na etapa final, Elijah examina o que ele considerou nos passos anteriores e elabora alguns pensamentos alternativos mais realistas.

	Pensamentos alternativos	Confiabilidade
Quão grave é a situação, realmente, em uma escala de 0 a 100?	Seria decepcionante tirar uma nota baixa e, no cenário mais pessimista, eu seria reprovado na disciplina. Isso seria decepcionante, mas não uma crise.	75
	Eu trabalharia em outras formas de melhorar a minha nota e situação, e teria muitas pessoas que poderiam me ajudar.	90
O que você faz com sua capacidade de enfrentamento?	Sou criativo e motivado para resolver problemas; consigo lidar com o que quer que aconteça.	80
O que você pode dizer a si mesmo no futuro?	Mesmo que eu receba uma nota baixa, isso não é o fim do mundo.	80

Agora, Elijah tem várias maneiras mais realistas de olhar para a situação. Sobretudo, perder o prazo completamente parece improvável e, mesmo que aconteça, não será uma crise.

Em alguns casos, um pensamento pode ser a superestimação de uma probabilidade e uma catastrofização *ao mesmo tempo*. Nesse caso, receber uma nota baixa era uma forma catastrófica de pensar, mas também pode ter sido uma superestimação da probabilidade. Por exemplo, qual é a probabilidade de você receber uma nota baixa se perder um prazo? Não há problema em testar a confiabilidade de um pensamento automático seguindo as etapas de superestimação da probabilidade *e* catastrofização. Ambas o ajudarão a encontrar pensamentos alternativos mais razoáveis e úteis para dizer a si mesmo em situações de ansiedade.

De certa forma, você também pode estar se perguntando: "E se eu não conseguir diferenciar *superestimação da probabilidade* e *catastrofização*?". Primeiramente, é mais importante que você comece a aprender a desacelerar, perceber e desafiar seu pensamento do que categorizar cada pensamento com uma precisão perfeita. Além disso, você vai descobrir que as técnicas que apresentamos para desafiar o seu pensamento muitas vezes funcionam bem o suficiente para pensamentos ansiosos problemáticos de todos os tipos. O mais importante é que você reconheça seus padrões de pensamento ansioso e, então, desafie esses pensamentos para identificar um ponto de vista alternativo mais útil ou realista.

REVISÃO DA SEÇÃO: PONTOS PRINCIPAIS

- A catastrofização envolve presumir que um evento é insuportável e subestimar sua capacidade de lidar com a situação.

- Você pode combater a catastrofização avaliando a real gravidade do resultado temido e identificando estratégias de enfrentamento, caso o desfecho realmente se torne realidade. Lembre-se de que verdadeiras catástrofes são raras e envolvem situações extremamente difíceis de corrigir.

- Desafiar seu pensamento catastrófico permite que você veja que, mesmo que ocorra um resultado temido, ele pode não ser tão devastador quanto você pensava inicialmente.

- Os pensamentos ansiosos podem incluir elementos de superestimação da probabilidade *e* catastrofização. Nesses casos, pode ser útil dividir um pensamento em dois pensamentos individuais.

- Se você considerar os tipos de armadilhas do pensamento comuns e desafiá-las objetivamente, muitas vezes os pensamentos de preocupação acabam sendo menos preocupantes, afinal. As mesmas habilidades podem ser aplicadas a todos os tipos de armadilhas de pensamentos ansiosos.

PRATIQUE EM CASA

- **Desafie o pensamento catastrófico:** continue seu automonitoramento, mas esta semana use o formulário "Desafiando o pensamento catastrófico" que se encontra na próxima página. Pratique desafiar pelo menos três pensamentos catastróficos. Se surgirem pensamentos em que ambos catastrofizem e a superestimação da probabilidade estiver presente, você também pode tentar usar o exercício de superestimação da probabilidade da seção anterior.

DESAFIANDO O PENSAMENTO CATASTRÓFICO

Etapa 1: Observe seu pensamento.

Situação	Pensamento (Quão confiável é o pensamento, de 0 a 100?)	Sensações físicas e sentimentos	Comportamento	SUDS

Etapa 2: Determine a real gravidade do resultado.

Perguntas para fazer a si mesmo	Suas respostas
O que você teme que aconteça?	
E daí, o que vai acontecer a seguir se isso ocorrer?	
Se isso acontecer, o que virá a seguir?	
O que mais aconteceria?	

Etapa 3: Identifique estratégias de enfrentamento.

Perguntas para fazer a si mesmo	Suas respostas
Isso [desfecho temido] já aconteceu antes?	
O que você fez antes?	
O que você faria se isso acontecesse?	
Com quem você poderia contar para ajudá-lo a passar por isso, caso ocorresse?	
Que habilidades ou recursos você poderia aplicar se isso acontecesse?	

Etapa 4: Crie uma interpretação alternativa e reavalie a confiabilidade do pensamento inicial.

	Pensamentos alternativos	Confiabilidade
Quão grave é a situação, na verdade, em uma escala de 0 a 100?		
O que você faz com sua capacidade de enfrentamento?		
O que você pode dizer a si mesmo no futuro?		

MÓDULO 4

Preocupações sobre as preocupações

Jill está prestes a se encontrar com duas de suas melhores amigas para jantar há muito tempo. Ela está ansiosa por esse jantar há algum tempo, mas, assim que chega ao restaurante, um pensamento surge em sua cabeça sobre a apresentação que precisa fazer no trabalho no fim de semana: "Ainda não estou preparada e a apresentação é em dois dias! Se eu realmente quiser que essa apresentação corra bem, eu deveria estar trabalhando nisso agora!". A ansiedade de Jill aumenta imediatamente, mas ela se lembra de suas habilidades de reavaliação cognitiva. Ela percebe que está superestimando a probabilidade de que não terá tempo suficiente para terminar de preparar a apresentação amanhã, e lembra a si mesma que, quando fez essas apresentações anteriormente, tudo correu bem. Isso ajuda um pouco, mas o pensamento de que deveria estar se preparando continua voltando à sua cabeça. Ela lembra que na última apresentação ficou extremamente preocupada em não estar preparada, por isso passou a semana inteira trabalhando nisso. Como consequência, Jill se questiona se não deveria estar ainda mais preocupada do que está. Ela pensa: "No passado, minhas preocupações me ajudaram a me preparar para essas apresentações, pois elas parecem correr bem quando me preocupo com elas". Ela tenta afastar esses pensamentos, mas eles continuam voltando e ela descobre que, em vez de aproveitar seu tempo com as amigas, acaba se distraindo com a sua ansiedade. Isso a frustra e faz sentir que não está sendo uma boa amiga (uma de suas outras preocupações), então ela fica no jantar até que suas amigas queiram ir para casa. No entanto, sua preocupação continua a incomodá-la, e Jill vai para casa sentindo-se desapontada porque, mais uma vez, a ansiedade impediu que ela se divertisse.

Seção I
Atenção desfocada

No módulo anterior, você aprendeu a desafiar os pensamentos que impulsionam sua ansiedade fazendo perguntas a si mesmo sobre: 1) a probabilidade real dos resultados ruins sobre os quais você estava se preocupando (focando na *superestimação da probabilidade*); e 2) sua capacidade de lidar com esse resultado caso ele ocorresse (focando na *catastrofização*). Essa é uma ferramenta muito poderosa, mas às vezes há outros pensamentos ou crenças que se colocam no caminho ao desafiar efetivamente seus pensamentos ansiosos.

CRENÇAS SOBRE PENSAMENTOS

Nesta semana, vamos começar avaliando suas *metacognições*, que são suas crenças sobre seus pensamentos e preocupações. Aprender a avaliar suas metacognições é semelhante ao processo de reestruturação cognitiva porque envolve analisar a forma como você pensa. No entanto, em vez de focarmos em saber se o conteúdo dos seus pensamentos é preciso, vamos focar na sua *relação com suas preocupações* e se suas *crenças sobre suas preocupações e pensamentos* são úteis. Por exemplo, anteriormente vimos as verdadeiras chances e os resultados realistas das suas preocupações (Qual é a probabilidade de você realmente ser reprovado no exame? Mesmo que fosse reprovado, quão ruim seria esse resultado? Que recursos o ajudariam a lidar com a situação?). Nesta seção, não vamos desafiar o conteúdo dessas preocupações. Em vez disso, vamos desafiar suas crenças de que você *deveria* se preocupar com essas coisas. Essas crenças são importantes porque podem fazer com que você foque toda a sua atenção em seus pensamentos automáticos que geram ansiedade. Abordar efetivamente essas crenças pode ajudá-lo a superar essa ansiedade e focar em viver a vida que você deseja.

Para deixar isso mais claro, voltemos à situação de Jill. No jantar, sempre que o pensamento sobre seu projeto no trabalho voltava à sua cabeça, era enviada uma onda de ansiedade pelo seu corpo que sinalizava: "Cuidado, sua apresentação pode ir muito mal porque você não se preparou o suficiente!". Para Jill, esse pensamento parecia muito importante, pois ela se lembrava de situações em que sua ansiedade a levou a se preparar durante toda a semana, e as coisas acabaram indo bem. Consequentemente, ela achava que deveria dar ouvidos à sua ansiedade. Ela achava que sua preocupação era útil. Era difícil para Jill descartar o pensamento de "preocupação", mesmo quando se dava conta de que ele não era tão realista assim.

Nesse exemplo, Jill tinha uma crença *sobre seu pensamento ansioso*, ou uma *metacognição*. Ela achava que prestar atenção ao seu pensamento ansioso era necessário para ajudá-la a se preparar para o perigo percebido de possivelmente se sair mal na sua apresentação. As metacognições são importantes porque, assim como fizeram com Jill, podem alimentar o ciclo da preocupação e fazer com que seja muito difícil pisar no freio. Vamos analisar isso mais especificamente, considerando o seguinte pensamento de Jill:

*"Na última vez, fiquei superpreocupada com a apresentação,
então passei a semana inteira me preparando. É por isso que me saí bem."*

Jill está atribuindo seu sucesso ao seu comportamento voltado para as preocupações e, assim, desenvolveu uma crença sobre o valor positivo da preocupação. Isso é o que chamamos de metacognição positiva, que é uma crença de que a preocupação é útil ou benéfica. Você pode imaginar como essas crenças podem dificultar o abandono das preocupações. Jill não gostaria de abandonar completamente sua preocupação se achar que está sendo útil para ela.

A seguir, apresentamos alguns outros exemplos de metacognições positivas. Identifique e marque os exemplos que parecerem verdadeiros para você. Não deixe de anotar algum outro aspecto em que você considere que a ansiedade ou a preocupação é benéfica para você.

Crenças positivas sobre preocupação

☐ A preocupação ajuda a me preparar para resultados ruins.

☐ A preocupação me faz sentir no controle.

☐ Se eu não me preocupar com um resultado ruim, serei pego de surpresa quando isso acontecer.

☐ A preocupação mostra que eu me importo.

☐ A preocupação me ajuda a evitar problemas futuros.

☐ A preocupação me ajuda a ter um desempenho melhor.

☐ A preocupação garante que não vou esquecer de algo importante.

☐ Outro: _____

☐ Outro: _____

Agora você pode entender melhor por que tem sido tão difícil para você parar de se preocupar! Muitas pessoas que se preocupam bastante têm esse tipo de crença, mesmo sem perceber. Embora preocupar-se não seja divertido, isso pode *parecer* útil de alguma maneira. Ou, pelo menos, a ideia de não se preocupar sobre a possibilidade de coisas ruins acontecerem pode parecer ainda mais assustadora do que a própria preocupação. Como diz o velho ditado, ruim com ele, pior sem ele, certo?

Bem, vamos analisar isso mais de perto. Embora essas crenças positivas sobre preocupação sejam compreensíveis, para reduzir a ansiedade efetivamente é importante ver se tais crenças realmente acrescentam. Para começar, vamos pensar nos *custos* da preocupação para ver como eles se mantêm em relação aos benefícios percebidos. A seguir, reserve alguns minutos para listar todas as consequências negativas que a preocupação tem na sua vida (em seus níveis de energia, relacionamentos e produtividade).

Custos da preocupação

- _____
- _____
- _____
- _____
- _____
- _____
- _____
- _____
- _____

Agora compare o que você acabou de escrever com suas crenças positivas sobre preocupação. A preocupação parece valer a pena? Em caso negativo, lembre-se desses custos quando tiver dificuldades para se desfocar da sua preocupação ou se sentir resistente a usar suas habilidades.

Às vezes, as pessoas focam demais nos custos da preocupação, se sentindo ansiosas em relação às consequências negativas que você acabou de identificar (preocupação sobre a preocupação). Tais crenças são denominadas *metacognições negativas*, e compreendê-las também é uma parte importante para lidar com a preocupação. Abordaremos essas metacognições na segunda seção deste módulo.

ATENÇÃO E ANSIEDADE

Um dos efeitos das nossas crenças sobre preocupação e ansiedade é que elas moldam a forma como direcionamos nossa atenção. Para ilustrar isso, experimente este exercício de associação livre, em que você deixa sua mente vagar para onde quer que ela vá naturalmente em resposta a uma série de palavras. Para cada uma das palavras no quadro a seguir, diga a palavra em voz alta, feche os olhos e simplesmente observe para onde sua mente vai por 10 a 15 segundos e, então, passe para a palavra seguinte.

preocupação	*responsabilidades*	*saúde*
prazo	*finanças*	*família*
planejamento	*evitação*	*projetos*

No espaço a seguir, escreva o que você percebeu enquanto fazia este exercício:

_____

_____

_____

_____

_____

Você se percebeu preso a uma linha de pensamento ansiosa? Quais palavras foram incômodas para você? Por exemplo, a palavra "prazo" para Jill provavelmente desencadearia pensamentos sobre sua próxima apresentação e geraria ansiedade sobre ser capaz de concluir tudo a tempo. Sua mente saltou para as coisas que você precisa fazer ou para a possibilidade de algo ruim acontecer? Em caso afirmativo, este é um exemplo de como a preocupação direciona sua atenção para um possível perigo. Essas palavras podem ser associadas a muitas coisas, mas, para pessoas que se preocupam muito, é mais provável que essas palavras levem a pensamentos sobre coisas ruins que podem acontecer. Isso ocorre porque, se você acredita que a preocupação pode ser útil ou faz você se sentir melhor temporariamente, sua mente será especialmente hábil na identificação de possíveis perigos.

Essa detecção de ameaça é necessária em algum nível para a sobrevivência. Mas as palavras que você leu eram apenas palavras e não representam qualquer perigo real. No entanto, acreditar que a preocupação pode ser útil faz com que seja muito difícil desviar sua atenção de possíveis ameaças, mesmo que sejam apenas palavras. No dia a dia, você provavelmente se depara com muitas situações que desencadeiam pensamentos sobre seus relacionamentos, seu futuro, sua saúde e seu trabalho. Se você acredita que a preocupação é útil para evitar resultados ruins em alguma dessas áreas, também é provável que você se comporte de forma vigilante em relação a todas as ameaças possíveis, ou maneiras pelas quais as coisas podem acabar mal. E quando você está constantemente atento ao perigo, geralmente poderá encontrar algo com que se preocupar! Essa hipervigilância também pode motivar um comportamento de se preparar para todas as coisas possíveis que podem dar errado (não importando o quanto as chances sejam pequenas), focando excessivamente em qualquer desfecho negativo ou monitorando constantemente seus pensamentos e sentimentos, como vimos Jill fazer durante seu jantar com as amigas.

Você pode ter ouvido pessoas dizerem coisas como "Não se preocupe com isso" ou "Apenas pare de se preocupar". Você provavelmente também sabe que isso geralmente não é útil, e pode até mesmo começar a ficar muito irritante! Você tem direito a ficar irritado porque, paradoxalmente, quanto mais tenta reprimir ou bloquear suas preocupações, mais elas aumentam e parecem mais difíceis de controlar.

Para ver isso com os próprios olhos, tente fazer o seguinte exercício.

1. Feche os olhos e imagine um urso branco. Visualize-o claramente na sua imaginação. Imagine seu pelo branco e fofo e suas enormes patas pretas. Reserve alguns segundos para pensar nisso e realmente imagine esse urso branco fofo.

2. Depois que tiver uma imagem clara desse urso branco na sua mente, acione um cronômetro para 1 minuto. Durante esse tempo, feche os olhos novamente e pense no que quiser, exceto no urso branco. Esforce-se ao máximo para não pensar no urso branco.

3. Toda vez que o urso branco surgir na sua cabeça, faça uma marca no espaço a seguir.

4. Pronto? Programe seu cronometro para 1 minuto e imagine qualquer coisa, exceto o urso branco fofo. Comece!

O que aconteceu? Você provavelmente pensou no urso branco pelo menos algumas vezes (quase todo mundo pensa). Mesmo que não tenha pensado nele, você tinha que saber que não estava pensando nele para ter sucesso – e, portanto, você estava pensando nele em algum nível da sua consciência. Este é um exemplo do efeito paradoxal da supressão do pensamento. Quanto mais você tenta NÃO pensar em alguma coisa, mais você acaba pensando nela!

Esse efeito tende a ser ainda mais forte com pensamentos de preocupação. Para a maioria das pessoas, um urso branco é uma imagem relativamente neutra e sem emoção. Mas, se você estiver tentando não pensar em algo que o deixe ansioso, como uma das palavras da lista que você leu anteriormente, será ainda mais difícil tirar esses pensamentos da sua mente. Por fim, suprimir seus pensamentos simplesmente não funciona. Isso acontece porque não é conveniente quando alguém diz a você, ou você diz a si mesmo: "Apenas não se preocupe com isso!" ou "Pare com isso!". Embora esses conselhos sejam bem-intencionados, e possam até mesmo parecer razoáveis de tentar, a supressão não é uma boa estratégia.

CONTROLANDO A ATENÇÃO POR MEIO DA ATENÇÃO DESFOCADA

Felizmente, convencemos você dos perigos da supressão do pensamento. Você pode estar se perguntando, qual é a alternativa? Uma habilidade que é especialmente eficaz é denominada *atenção desfocada*. Em vez de tentar suprimir ou controlar suas preocupações, a atenção desfocada envolve simplesmente perceber seus pensamentos sem responder a eles. Quando nos preocupamos, tendemos a nos apegar ao significado e à importância dos nossos pensamentos e, então, podemos ser consumidos por eles. No entanto, os pensamentos de preocupação não são mais importantes do que qualquer outro pensamento. Todos eles ainda são apenas pensamentos.

Usaremos a habilidade da atenção desfocada para aplicar esse conceito de que as preocupações são apenas pensamentos. Com atenção desfocada, seu objetivo é ser um observador distante dos seus pensamentos, simplesmente observando-os ir e vir. Você tentará perceber seus pensamentos como meros pensamentos, nada mais, e mensagens certamente não urgentes ou importantes dizendo que você precisa se preparar para sua apresentação ou outras coisas. Ver seus pensamentos simplesmente como pensamentos permitirá que você se distancie deles.

Para ajudar a criar algum afastamento dos seus pensamentos, pode ser útil formar uma imagem deles indo e vindo na sua mente. A seguir, apresentamos algumas imagens que funcionam bem. A ideia é se imaginar colocando cada pensamento que surge na sua cabeça em algum objeto externo que passa. Por exemplo:

1. Visualize seus pensamentos e suas preocupações como trens que passam por uma estação. Alguns trens são confortáveis, outros são barulhentos e sujos; alguns são muito perceptíveis, outros são fáceis de ignorar; alguns trens vêm com frequência, outros nem tanto. Os pensamentos também podem ser assim. Em vez de embarcar em todos os trens que passam, simplesmente observe-os ir e vir, e embarque apenas naquele que o leve aonde você deseja ir. Assim, em vez de se ocupar com cada pensamento e preocupação, você dá atenção apenas aos pensamentos de acordo com o que você deseja focar naquele momento.

2. Visualize seus pensamentos como folhas flutuando suavemente nas águas de um riacho. Imagine-se como o observador dos seus pensamentos, sentado à margem do riacho. Imagine-se colocando cada pensamento sobre uma folha e, em seguida, veja-o ser levado pela corrente. Então, observe o próximo pensamento sendo trazido pela corrente e repita o processo (adaptado de Hayes, 2005).

3. Veja seus pensamentos escritos na areia e, depois, apagados toda vez que a maré subir. Observe cada pensamento se apagar à medida que a água do oceano passa sobre ele.

Para praticar a atenção desfocada, escolha uma das três imagens, ou você pode criar a sua própria se pensar em algo que esteja mais relacionado. Quanto mais vividamente você conseguir imaginar os pensamentos indo e vindo, mais eficaz isso será. O ponto principal é simplesmente criar uma separação entre você e seus pensamentos para que eles não controlem como você se sente e o que você faz. Isso será mais fácil quando você puder ver os *pensamentos de preocupação* apenas como *pensamentos*.

Agora voltemos à lista de palavras que você leu anteriormente. Faça o mesmo exercício de antes, lendo a palavra em voz alta e, depois, fechando os olhos. Mas, desta vez, à medida que os pensamentos surgirem na sua cabeça, imagine-os como trens, folhas ou escritos na areia. Observe cada pensamento ir e vir, assim como você faria com um trem que entra e sai de uma estação, as folhas flutuando e passando por você levadas pela corrente de um riacho ou a escrita sendo apagada pela água na areia. Você pode escolher imaginar uma única palavra ou uma frase completa, mas faça isso no seu tempo. Lembre-se de que você não está tentando se livrar dos seus pensamentos ou mudá-los. Você está simplesmente observando seus pensamentos como meros pensamentos. Se o mesmo pensamento ir e vir repetidamente, tudo bem. Seu objetivo é aceitar o que estiver ali e continuar a observá-lo a distância.

Da mesma maneira que antes, inicie dizendo cada palavra em voz alta enquanto fecha os olhos. Depois, detenha-se na sua imagem e observe os pensamentos que são produzidos pela sua mente por 10 a 15 segundos.

preocupação	*responsabilidades*	*saúde*
prazo	*finanças*	*família*
planejamento	*evitação*	*projetos*

Escreva o que você observou enquanto fazia este exercício, incluindo qualquer coisa que seja diferente da primeira vez que leu essas palavras:

___
___
___
___

Como a maioria das habilidades neste livro, este exercício é difícil e requer prática, então tudo bem se você não o entendeu inicialmente. Se você for como a maioria das pessoas, pode até mesmo se perguntar se estava fazendo isso da maneira correta. Na verdade, siga em frente e pratique a observação desses pensamentos também! Esta é uma habilidade que demanda tempo e só melhora com a prática, você notará uma crescente capacidade de mudar sua atenção mais rapidamente dos pensamentos ansiosos para outros não ansiosos, e sua capacidade de se afastar dos seus pensamentos irá melhorar. Por fim, o objetivo é usar essa técnica para perceber que, mesmo que você não consiga controlar quais pensamentos inicialmente surgem na sua mente, você pode controlar e decidir como responder aos seus pensamentos.

EXPERIMENTO DE MODELAÇÃO DA PREOCUPAÇÃO

Antes de terminarmos esta seção do Módulo 4, retornemos às nossas metacognições por um momento, pois as crenças de que a preocupação é útil também podem tornar uma habilidade como a atenção desfocada mais difícil de implementar no seu dia a dia. Você pode achar que, apesar dos custos da preocupação, ela ainda faz coisas úteis por você. Pare um momento e pense se você acha que isso pode ser verdade. Para ajudar com qualquer dúvida que você possa ter, faremos um exercício chamado *experimento de modelação da preocupação*. Vamos comparar duas experiências: 1) o que acontece quando você se preocupa muito; e 2) o que acontece quando você não se preocupa. Ao compararmos as duas, podemos avaliar a utilidade das nossas preocupações. É assim que funciona o experimento de modelação da preocupação:

Durante a próxima semana, escolha um dia para *maximizar a preocupação*. Estamos pedindo que você se permita recair em todos os seus velhos hábitos. Não use nenhuma das habilidades que você aprendeu até agora. Preocupe-se como naturalmente faria, e até mesmo um pouco mais, por apenas um dia. No dia seguinte, faça o oposto e *minimize* a preocupação. Isso não significa suprimir a ansiedade e os pensamentos preocupantes. Em vez disso, use todas as habilidades que tem aprendido com o máximo de sua capacidade. Isso significa usar o máximo relaxamento muscular progressivo, repensar os pensamentos (desafiar a superestimação da probabilidade e a catastrofização) e habilidades de atenção desfocada. Se algumas preocupações se tornarem excessivas, anote-as e diga a si mesmo que lhes dará atenção no dia seguinte. Mas, tanto quanto possível, use suas habilidades, pois o objetivo desse segundo dia é minimizar a preocupação, comprometendo-se totalmente com a prática de todas as suas novas habilidades.

Então, para que fazer esse experimento? Bem, se a preocupação é tão útil quanto suas metacognições o levariam a acreditar, maximizar a preocupação deve ajudá-lo a ser mais produtivo, impede resultados ruins e causa menos ansiedade. Você pode pensar que abrir mão da sua preocupação, em contrapartida, fará com que você negligencie suas responsabilidades e seja improdutivo. O objetivo deste exercício é colocar suas crenças à prova e ver se a preocupação é tão benéfica quanto você achava.

Para deixar isso mais claro, vamos dar uma olhada em como Jill usou o experimento de modelação da preocupação. Como você se lembra, as preocupações de Jill aumentavam quando ela lembrava que precisava fazer uma apresentação. Parte da razão pela qual ela se sentiu obrigada a se preocupar era porque ela achava que isso aumentaria a sua preparação. Quando Jill concluiu o experimento de modelação da preocupação, foi capaz de testar diretamente se a preocupação era realmente útil.

No primeiro passo, Jill identificou quais habilidades ela usaria para minimizar a preocupação:

Preocupação ou comportamentos de controle a ser interrompidos: Vou abrir mão de planejar e ensaiar excessivamente a minha apresentação.

Como e quando você vai usar as habilidades: Vou usar exercícios de atenção desfocada para criar mais distância entre mim e minhas preocupações sobre como será a apresentação. Também vou praticar relaxamento muscular progressivo, em vez de continuar me preparando.

Jill estava preocupada com o que significaria abrir mão da preocupação. Ela anotou alguns dos seus desfechos temidos:

1. Não estarei preparada o suficiente para a minha apresentação. Vou cometer muitos erros, e meu chefe vai ficar desapontado comigo.

2. Se eu não me preocupar com a apresentação, provavelmente vou esquecer de me preparar para algumas das perguntas que as pessoas vão fazer. Não vou saber o que responder, e as pessoas vão pensar que sou incompetente.

Depois de especificar seus medos sobre a minimização da preocupação, Jill escolheu dois dias para realizar o experimento que eram similares em termos das suas outras responsabilidades, para fazer uma comparação justa dos efeitos da maxi e minimização da preocupação. Jill também monitorou seus pensamentos, sentimentos e comportamentos em cada dia, assim como sua produtividade. Ao comparar como esses aspectos diferiam ao longo dos dias, Jill poderia determinar quais eram as consequências da preocupação. Vamos dar uma olhada:

Maximizando a preocupação	Minimizando a preocupação
Data: 07 de abril	Data: 08 de abril
Comportamentos de controle (roteiro planejado para o dia): Reservar um tempo para praticar e ensaiar a apresentação várias vezes durante o dia.	Sem comportamentos de controle (não fazer planos): Não ensaiar ou praticar nada. Em vez disso, usar minhas habilidades.
Pensamentos: Não importa o quanto eu pratique isso, sinto que não é perfeito o suficiente.	Pensamentos: Quando não estou me preocupando de propósito, isso não parece tão pesado para mim. A atenção desfocada me ajudou a me distanciar dos meus pensamentos.
Sentimentos: Ansiedade e medo, o que fez meu coração acelerar. Quando me permiti focar nos sentimentos físicos, minha ansiedade aumentou mais.	Sentimentos: Às vezes, me sentia ansiosa por não ensaiar, mas outras vezes consegui aproveitar o dia. O RMP me ajudou a não ter tantos sentimentos físicos, como o coração acelerado.
Pontuação de produtividade para o dia (Você concluiu as tarefas que se propôs a realizar? Use uma escala de 0 a 8). Produtividade = 4. Embora eu tenha praticado a apresentação, me senti muito sobrecarregada para fazer qualquer uma das minhas outras tarefas.	Pontuação de produtividade para o dia (Você concluiu as tarefas que se propôs a realizar? Use uma escala de 0 a 8). Produtividade = 5. Não pratiquei minha apresentação, mas consegui fazer muitas outras coisas, como fazer compras e lavar minhas roupas.
Ansiedade no fim do dia (0-8): 6	Ansiedade no fim do dia (0-8): 3
Notas: A preocupação faz com que eu me sinta preparada, mas não fiz tantas coisas quanto gostaria.	Notas: Abrir mão da minha preocupação foi difícil, mas minha produtividade não pareceu sofrer com a minimização da preocupação.

Analisando o experimento de Jill, podemos ver que a preocupação não se mostrou tão benéfica quanto ela pensava. Embora a preocupação tenha feito com que ela praticasse mais, isso não a ajudou a se sentir mais confiante, e sua ansiedade acabou sendo mais intensa. Seus comportamentos voltados para a preocupação também demandaram tempo de outras coisas que poderiam ser feitas, como lavar roupas e fazer compras. Mesmo que a preocupação tivesse parecido produtiva no momento, de um modo geral foi mais prejudicial do que útil.

Agora é a sua vez de testar isso para si mesmo. Faça seu próprio experimento de modelação da preocupação escolhendo dois dias da semana que sejam relativamente similares em termos de responsabilidades e tarefas (como dois dias úteis). Além disso, planeje no espaço a seguir o que você fará para minimizar a preocupação. Também há uma folha de exercícios que você deve fazer como prática em casa, disponível no final da seção e no material complementar do livro em loja.grupoa.com.br.

Preocupação ou comportamentos de controle a ser interrompidos: _____

_____
_____
_____
_____
_____
_____

Como e quando você vai usar as habilidades: _____

_____
_____
_____
_____
_____
_____

Além disso, faça algumas previsões sobre o que você teme que aconteça ao minimizar a preocupação ("Não vou fazer o suficiente"). Vamos analisá-las na próxima seção.

1. _____

   _____

2. _____

   _____

3. _____

   _____

Você deve esperar que minimizar a preocupação possa *parecer* estranho. Afinal de contas, você está invertendo um hábito de preocupação que provavelmente tem há anos. Mas você se lembra da história dos elefantes em Boston? Lembra-se de como Fred ficava batendo a cabeça contra a parede porque acreditava que aquilo mantinha os elefantes fora da cidade? Fred nunca testou o que aconteceria se não batesse a cabeça. Ao conduzir esse experimento, você estará fazendo o que Fred nunca fez. Você vai testar se a preocupação realmente impede que coisas ruins aconteçam ou aumenta sua produtividade tanto quanto você pensa.

REVISÃO DA SEÇÃO: PONTOS PRINCIPAIS

- Metacognições são crenças que temos sobre nossos pensamentos. A preocupação geralmente é causada e mantida por metacognições positivas, que são crenças de que a preocupação é útil de alguma maneira (p. ex., "A preocupação ajuda a me preparar para possíveis resultados ruins").

- As metacognições positivas influenciam para onde você direciona sua atenção. Especificamente, acreditar que a preocupação é útil pode fazer com que você foque de modo constante em coisas que podem dar errado e tenha dificuldades para se afastar desses pensamentos.

- Tentar suprimir ou bloquear pensamentos tende a provocar efeito contrário, e os pensamentos suprimidos surgem com mais frequência e com mais intensidade (lembre-se do exercício do urso branco).

- A atenção desfocada é uma alternativa eficaz para a supressão do pensamento. Em vez de tentar afastar um pensamento ou mudá-lo, a atenção desfocada envolve simplesmente perceber o pensamento a distância e deixá-lo passar. Isso reduz o controle que o pensamento tem sobre a sua atenção, e pode ajudá-lo a decidir como reagir a ele.

PRATIQUE EM CASA

- **Atenção desfocada:** Pratique a atenção desfocada todos os dias, registrando como isso ocorreu no formulário na próxima página e no material complementar do livro em loja.grupoa.com.br. Você pode continuar praticando com a lista de palavras usada antes, mas, eventualmente, passe a usá-la em situações do dia a dia que desencadeiam ansiedade.

- **Experimento de modelação da preocupação:** Escolha um dia para maximizar e um dia para minimizar a preocupação. Planeje como você vai minimizar a preocupação e identifique suas previsões sobre o resultado dos dois dias no espaço fornecido anteriormente na seção. Revise como foi cada dia no formulário na próxima página e no material complementar do livro em loja.grupoa.com.br.

- **Continue usando suas habilidades:** Quanto mais você praticar reestruturação cognitiva e relaxamento muscular progressivo, mais automáticas essas habilidades se tornarão e mais perto você chegará de superar sua ansiedade.

REGISTRO DA ATENÇÃO DESFOCADA

Lembre-se de que a atenção desfocada não é sobre evitar os pensamentos. Em vez disso, estamos tentando perceber o pensamento, evitar o aumento da reação a ele e assistir ao evento como observador, em vez de como a pessoa que o vivencia. A seguir, registre sua prática da atenção desfocada e o quanto você foi capaz de perceber e observar objetivamente seus pensamentos.

Data	Descreva a situação em que você praticou atenção desfocada	O quanto você foi capaz de observar objetivamente seus pensamentos?	Comentários

EXPERIMENTO DE MODELAÇÃO DA PREOCUPAÇÃO

Use o formulário a seguir para guiá-lo na avaliação de como transcorre cada dia do seu experimento de modelação da preocupação.

Maximizando a preocupação	Minimizando a preocupação
Data:	Data:
Comportamentos de controle (roteiro planejado para o dia)	Sem comportamentos de controle (não fazer planos):
Pensamentos:	Pensamentos:
Sentimentos:	Sentimentos:
Pontuação de produtividade para o dia (Você completou as tarefas que se propôs a realizar? Use uma escala de 0 a 8):	Pontuação de produtividade para o dia (Você completou as tarefas que se propôs a realizar? Use uma escala de 0 a 8):
Ansiedade geral ao fim do dia (0-8):	Ansiedade geral ao fim do dia (0-8):
Notas:	Notas:

Seção II

Adiamento da preocupação

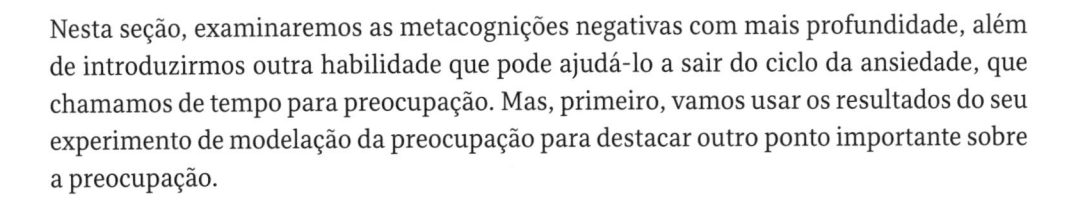

Nesta seção, examinaremos as metacognições negativas com mais profundidade, além de introduzirmos outra habilidade que pode ajudá-lo a sair do ciclo da ansiedade, que chamamos de tempo para preocupação. Mas, primeiro, vamos usar os resultados do seu experimento de modelação da preocupação para destacar outro ponto importante sobre a preocupação.

REVISANDO SEU EXPERIMENTO

No "Módulo de atenção desfocada", você fez algumas previsões sobre o que aconteceria se minimizasse a preocupação. Vamos dar uma olhada nessas previsões brevemente. No exemplo dado, Jill achava que, se não se preocupasse no dia anterior à sua apresentação, ela cometeria muitos erros e estaria despreparada para as perguntas posteriores. Veja como ela avaliou essas previsões depois.

Situação: usando habilidades para minimizar a preocupação no dia anterior à apresentação de um trabalho	
Previsão	**Resultado real**
1. Não vou estar preparada o suficiente para minha apresentação. Vou cometer muitos erros, e meu chefe vai ficar desapontado comigo.	1. Cometi um erro, mas ninguém disse nada sobre isso. Meu chefe disse que eu fiz um bom trabalho.
2. Se eu não me preocupar com a apresentação, provavelmente vou esquecer de me preparar para algumas perguntas posteriores que as pessoas fizerem. Não vou ter nada para dizer, e elas vão pensar que sou incompetente.	2. Houve uma pergunta posterior para a qual eu não estava preparada, mas consegui pensar por mim mesma e dei uma resposta aceitável. De qualquer forma, é improvável que me preparar mais tivesse me ajudado a encontrar uma resposta melhor.

Mesmo que tenha sido um pouco estressante para Jill minimizar sua preocupação no dia anterior à apresentação, aconteceu de suas previsões sobre as coisas saírem mal como resultado não se concretizarem. Seu chefe disse que ela fez um bom trabalho, e ela foi capaz de responder às perguntas depois da apresentação, apesar de não ter se preparado tanto quanto faz normalmente. Deixar de lado a preocupação não teve as consequências negativas que ela temia.

Embora suas preocupações não tenham se concretizado totalmente, você deve ter notado que as coisas não saíram perfeitas para Jill em sua apresentação. Por essa razão, é importante *avaliar os resultados da forma mais objetiva possível*. Jill cometeu um erro na sua apresentação, e seu instinto foi focar nisso como um sinal de que deveria ter se preparado mais. No entanto, sua previsão era de que ela "cometeria muitos erros e seu chefe ficaria desapontado com ela", o que claramente não foi o que aconteceu. Para ajudar a manter a objetividade e o panorama geral em mente, pode ser útil usar as habilidades que você aprendeu no Módulo 3 para desafiar seus pensamentos. Por exemplo, Jill poderia avaliar as evidências a favor e contra a ideia de que seu chefe ficaria despontado com ela (veja o Passo 2 de "Desafiando a superestimação da probabilidade"). As evidências a favor dessa ideia incluem o fato de que ela cometeu um erro, enquanto as evidências contra são que ninguém pareceu notar o erro, e seu chefe disse que ela fez um bom trabalho. Ela também pode usar suas habilidades de desafio do pensamento catastrófico para avaliar a gravidade real de quaisquer resultados negativos (*e daí* que ela não se preparou para uma pergunta posterior?) e como ela lidou com esses resultados (ela pensou em uma resposta aceitável no momento) (veja os Passos 2 e 3 de "Desafiando o pensamento catastrófico").

Com esse exemplo em mente, no quadro a seguir, analise suas previsões sobre o que aconteceria se você minimizasse sua preocupação. Ao avaliar o resultado real, verifique se você está sendo objetivo quanto ao desfecho e mantendo o panorama geral em mente. Use suas habilidades para pensamentos desafiadores quando necessário.

Situação: usando habilidades para minimizar a preocupação	
Previsão	**Resultado real**
1.	1.
2.	2.

QUÃO PRECISA É SUA PREOCUPAÇÃO?

O exercício anterior é uma ilustração da ideia de que, embora muitas vezes *pareça* importante ouvir suas preocupações, elas nem sempre são precisas. Discutimos isso em termos das suas crenças sobre preocupação especificamente, mas essa é uma ideia importante a se considerar para qualquer preocupação que possa surgir para você. A preocupação transmite uma forte mensagem de que algo ruim *pode* acontecer, mas com que frequência esse resultado ruim *realmente* acontece?

Ao considerar essa questão, muitas pessoas com ansiedade pensarão imediatamente em uma situação no passado em que algo ruim realmente aconteceu (p. ex., uma apresentação ruim, alguém ficou doente). Esses eventos negativos tendem a permanecer em nossas memórias, o que faz sentido porque isso nos ajuda a aprender com eles. No entanto, o que normalmente não permanece em nossas memórias são todas as vezes em que nos preocupamos com algo que *não* aconteceu. Mais uma vez, isso faz sentido, pois não há muita razão para lembrar da ausência de um resultado ruim. Mas isso pode fazer com que nossas mentes sejam tendenciosas para pensar que resultados ruins acontecem o tempo todo, pois essas são as coisas nas quais focamos nossa atenção.

Para contrariar isso, você fará o que chamamos de exercício de contraste da preocupação, em que você compara o que sua preocupação prevê que vai acontecer em determinada situação com o resultado real, assim como você fez anteriormente com suas crenças sobre preocupação. Então, você responde se a sua previsão de preocupação era, de fato, precisa, usando suas habilidades de perguntas desafiadoras para responder da forma mais objetiva possível. Pode ser útil fazer isso várias vezes para coletar mais dados sobre a precisão da sua preocupação, então você também fará isso como prática em casa usando a folha de exercícios no final deste módulo e no material complementar do livro em loja.grupoa.com.br. Por enquanto, comece analisando os exemplos a seguir dos personagens do seu livro de exercícios e, após, tente pensar em uma preocupação passada em que você possa avaliar se o resultado temido ocorreu. Pode ser útil analisar folhas de exercícios de práticas anteriores em casa para identificar uma previsão de preocupação testável.

Previsão da preocupação	Resultado real	Sua preocupação era precisa? *Avalie as evidências a favor e contra e descatastrofize para responder*
(Elijah) Este trabalho está terrível, vou tirar uma nota baixa e terei que repetir a disciplina.	Tirei um B	Na verdade, não. Não foi uma ótima nota, mas não foi terrível, e, na verdade, não me colocou em risco de ser reprovado na disciplina.
(Sofia) Meu filho disse que estaria em casa uma hora atrás; ele deve ter sofrido um acidente.	Seu treino de futebol terminou tarde, e então ele teve que deixar um amigo em casa. Tudo estava bem.	Absolutamente não.
(Jill) Nossa cliente está incomodada comigo porque demorei para responder aos seus e-mails na semana passada. Podemos perder o negócio e serei responsável por isso.	Ela parecia ríspida nos e-mails seguintes, mas então apresentou outro projeto para o qual queria nos contratar.	Não. Ela pode ter ficado incomodada, não posso dizer com certeza, mas claramente não era grande coisa porque ela quer continuar trabalhando conosco.
(Você)		

Nos exemplos do quadro anterior, observe como, embora o resultado real nem sempre tenha sido totalmente positivo, a previsão sempre foi exagerada. Elijah não ficou muito empolgado com a sua nota, mas aquilo não foi a catástrofe que sua preocupação previu. Jill não tinha evidências claras sobre se a cliente havia ficado incomodada ou não ("pareceu ríspida" não é de fato uma evidência objetiva), mas ela sabia definitivamente que eles não estavam perdendo a cliente. Em vez disso, seu escritório ia ser contratado para outro trabalho. Portanto, ao avaliar os resultados relacionados às suas próprias previsões de preocupação, certifique-se de prestar atenção às reais previsões feitas e se você está considerando todas as evidências de forma objetiva.

Felizmente, neste ponto, você está começando a perceber que *a preocupação não é um previsor confiável do futuro*. Isso pode ser útil para lembrar quando estiver tendo dificuldades para abrir mão de um pensamento de preocupação e, à medida que fizer mais exercícios de contraste da preocupação, isso se tornará mais evidente.

Porém, antes de prosseguirmos, devemos abordar dois pontos finais. Primeiro, você pode perceber que está pensando algo como: "Certo, o resultado negativo não aconteceu, mas é porque eu fiz algo para evitá-lo. Minha preocupação me ajudou a tomar uma atitude!". Se esse for o seu caso, é importante lembrar nossa distinção entre preocupação e solução de problemas (discutida no Módulo 1, Seção II). A preocupação é uma resposta de *pensamento* disfuncional a um problema potencial. Envolve pegar algo pelo qual estamos ansiosos e deixar rodando na nossa cabeça, em vez de partir para a ação. Se você deu os cinco passos para prevenir um resultado ruim, então bom trabalho – você pode ter resolvido o problema! Mas isso não significa necessariamente que a preocupação foi responsável por impedir um resultado ruim. Também é importante se perguntar se você *sabe* que o resultado ruim teria ocorrido se você não tivesse feito algo para evitá-lo (lembre-se dos elefantes na história de Boston). Essa ideia será discutida mais adiante, no Módulo 6.

O outro ponto é que, às vezes, a observação pode causar o que é chamado de *profecia autorrealizadora*, o que significa que os impactos negativos da preocupação podem fazer com que a previsão de preocupação se torne verdadeira. Isso acontece muito com Elijah quando faz um trabalho para suas aulas. Ele se preocupa em se sair mal em uma tarefa, e essa preocupação o leva a evitar fazer o trabalho e a ter dificuldade de se concentrar; como resultado, ele acaba recebendo uma nota baixa. Esse tipo de situação pode fazer parecer que a preocupação é um indicador preciso do futuro, mas é importante ter em mente que as profecias autorrealizadoras tendem a acontecer quando não temos as habilidades para lidar com nossa preocupação. Agora que você aprendeu algumas ferramentas para controlar sua ansiedade, pode usá-las para evitar que o ciclo de preocupação tome conta e provar a si mesmo que seus pensamentos de preocupação não são tão precisos, afinal.

METACOGNIÇÕES NEGATIVAS

Passamos boa parte da última seção desafiando a ideia de que a preocupação é útil ou precisa. No entanto, a outra face disso são as *metacognições negativas*, que se referem a crenças sobre a preocupação ser incontrolável e levar a consequências desastrosas. Essas crenças causam problemas porque muitas vezes nos levam a começar a nos preocupar *sobre* a preocupação, o que aumenta a ansiedade e pode dar origem a um comportamento inefetivo, como a evitação.

Por exemplo, quando Sofia pensa em retornar ao trabalho depois de ser dona de casa por muitos anos, ela fica ansiosa sobre o quanto a preocupação interferiria na sua capacidade de executar o trabalho de forma satisfatória. Ela pensa: "Não vou ser capaz de controlar minha preocupação quando tiver todas as responsabilidades e a pressão de um trabalho real. Minha preocupação vai aumentar, ficar fora do controle e vou entrar em pânico!". Como resultado, ela evita retornar ao trabalho, mesmo que desejasse muito fazer isso. Ela também perde a chance de constatar se suas crenças sobre as consequências incontroláveis e desastrosas da preocupação são realmente verdadeiras. Portanto, suas metacognições negativas a mantêm presa a um ciclo de preocupação e evitação.

As metacognições negativas também podem intensificar a ansiedade quando começamos a nos preocupar. Elijah, por exemplo, costuma sentir ansiedade quando faz provas. Embora esta seja uma reação normal, torna-se mais problemático quando ele se convence de que sua ansiedade irá afetar significativamente seu desempenho na prova, sobretudo sua capacidade de se concentrar e lembrar de informações importantes. Como resultado, quando ele faz uma prova e começa a perceber que está se preocupando, começa a catastrofizar sobre sua preocupação, pensando: "Estou tão ansioso para esta prova. Não vou ser capaz de controlar minha preocupação, nem focar ou lembrar do que preciso. Estou acabado!".

Você provavelmente pode imaginar o efeito que esse tipo de pensamento tem: a ansiedade de Elijah continua a aumentar à medida que ele fica dizendo a si mesmo que não será capaz de se sair bem na prova se estiver ansioso, e ele passa quase tanto tempo pensando sobre sua ansiedade quanto sobre as questões da prova. Por fim, as crenças negativas de Elijah sobre as consequências desastrosas da preocupação fazem com que os níveis relativamente normais de ansiedade em uma prova se transformem em uma espiral de preocupação, levando a um baixo desempenho na prova.

Antes de começarmos a falar sobre como combater essas metacognições negativas sobre a preocupação, faça uma breve autoavaliação acerca de algumas das crenças que você tem relacionadas às consequências negativas da preocupação. Marque na lista a seguir (adaptada de Wells & Cartwright-Hatton, 2004) as crenças que se aplicam a você e escreva outras crenças negativas que você tem sobre as consequências negativas da preocupação ou sobre sua capacidade de controlá-la.

Metacognições negativas comuns

☐ Meus pensamentos de preocupação persistem, não importa o quanto eu tente evitá-los.

☐ Quando começo a me preocupar, não consigo parar.

☐ Eu posso adoecer com a minha preocupação.

☐ Não consigo ignorar meus pensamentos de preocupação.

☐ Minha preocupação pode me enlouquecer.

☐ Minha preocupação é perigosa para mim.

☐ Outro: _____

☐ Outro: _____

☐ Outro: _____

Agora, pense em como essas crenças afetam sua preocupação. Elas aumentam sua ansiedade quando você está se sentindo ansioso? Elas fazem com que você evite coisas que gosta de fazer porque acha que não será capaz de controlar sua preocupação? Mesmo que você não perceba imediatamente, a resposta a essas perguntas costumam ser afirmativas para indivíduos com altos níveis de ansiedade, então continue lendo sobre como combater essas crenças.

INTERROMPENDO A PREOCUPAÇÃO

Para entender melhor se a preocupação é realmente incontrolável, imagine a seguinte situação:

> *Você está em casa sozinho e está se preocupando. Sua mente está totalmente ocupada por seus pensamentos ansiosos, seu corpo está tenso, sua respiração é superficial e você pode sentir seu coração pulsando enquanto perambula pela casa pensando sobre tudo o que tem para fazer. Então, de repente, a campainha toca. Você vai atender e é um amigo querido que você não vê há um ano.*

O que acontece com a sua preocupação neste cenário? Ela diminui, certo? Na verdade, provavelmente ela desaparecerá por completo, pelo menos durante o momento. Você não está mais focado nas suas preocupações; em vez disso, você desviou sua atenção para o amigo que está à porta.

Agora, e se, em vez do seu amigo à porta, você recebesse um telefonema dizendo que um familiar está no hospital e que você deve ir lá imediatamente? O que acontece com a sua atenção? Você ainda está preocupado sobre o que tem para fazer, ou está focado em chegar ao hospital para estar ao lado de seu familiar?

Em ambos os cenários, você provavelmente desviará sua atenção para o que está acontecendo ao seu redor e, ao fazer isso, estará exercendo controle sobre a sua preocupação. Tais situações ilustram que você, na verdade, tem controle suficiente sobre a sua preocupação para interromper seus pensamentos ansiosos e se envolver na situação à sua volta. Isso é mais fácil de fazer quando surge algo realmente importante, mas o mesmo princípio se aplica a qualquer momento em que você esteja se preocupando: *sua preocupação é influenciada pela direção em que você escolhe voltar sua atenção.* Por exemplo, lembre-se da sua habilidade de atenção desfocada, em que aprendeu a observar seus pensamentos, incluindo pensamentos de preocupação, a distância. Esse foi outro exemplo da sua capacidade de controlar a preocupação, decidindo se e como desviar sua atenção. A preocupação pode *parecer* incontrolável, mas sempre pode ser interrompida ao redirecionar sua atenção.

ESCOLHENDO SE PREOCUPAR

Vamos fazer outra atividade para ilustrar o impacto que a atenção tem na sua preocupação. Para este exercício, prepare um alarme para despertar em um minuto. Durante esse minuto, você irá se preocupar o máximo que puder. Junte todas as coisas com as quais está estressado e preocupado e repasse-as continuamente em sua cabeça. Pronto? Prepare o alarme e se preocupe!

[Deixe passar um minuto.]

OK, acabou o tempo para se preocupar. O que aconteceu? Você conseguiu se preocupar? Para a maioria das pessoas, especialmente aquelas que costumam ficar ansiosas, a resposta é um retumbante sim! Esse exercício, embora não seja de fato divertido, ilustra como a preocupação pode ser controlada. Você escolheu se preocupar. Ao focar sua atenção em todas as coisas que podem dar errado em sua vida, você conseguiu amentar sua preocupação. Na verdade, isso reflete o que costumamos fazer em nossas vidas quando a preocupação toma conta. Pode não ser sempre assim, mas *escolhemos* nos preocupar. Em resposta a um pensamento ansioso, decidimos deixar nossa atenção se voltar para a preocupação e nos afastamos de outras formas de responder a esse pensamento ou à situação à nossa volta.

Essa ideia não visa a colocar a culpa em nós mesmos por nos preocuparmos. Controlar a preocupação é difícil, sobretudo quando é um padrão de pensamento bem praticado. Em vez disso, a ideia de que escolhemos nos preocupar também pode ser fortalecedora. Se decidirmos nos preocupar, também podemos escolher *não* nos preocupar. Podemos escolher direcionar nossa atenção para outro ponto e romper o ciclo da preocupação. Na verdade, se você está lendo estas palavras, acabou de fazer isso! Há um minuto, você estava se preocupando, e, então, quando o alarme soou, você escolheu redirecionar sua atenção para esta página e continuou a ler. Sim, o alarme ajudou, mas você também poderia ter continuado a se preocupar e, em vez disso, decidiu retornar ao seu livro de exercícios. A principal mensagem aqui é que, embora não possamos controlar se um pensamento ansioso surge, *temos controle sobre como respondemos aos nossos pensamentos*. Lembrarmos disso pode nos ajudar a desafiar nossas crenças negativas de que a preocupação é algo fora do nosso controle e que tem consequências desastrosas.

ADIAMENTO DA PREOCUPAÇÃO

Então, como podemos tirar proveito dessa percepção de que temos controle sobre nossa resposta aos pensamentos ansiosos? Uma habilidade que pode ser muito útil é denominada *adiamento da preocupação*, que envolve escolher um período específico de 30 minutos durante o dia em que você *tem permissão* para se preocupar. A vantagem é que todas as outras preocupações que surgiram durante o dia precisam ser adiadas para esse "tempo para preocupação" designado.

Por que isso é útil? Primeiro, concentrar sua preocupação em uma parte específica do dia lhe dá a liberdade de se concentrar em coisas mais importantes durante o resto dele. Além disso, pode ser uma maneira útil de provar a si mesmo que você *pode* realmente controlar suas preocupações o suficiente para adiá-las para mais tarde. Se uma preocupação parecer realmente importante e for difícil adiá-la, pode ser um pouco mais fácil redirecionar sua atenção se você já disse a si mesmo que pode se preocupar com isso mais tarde. Com o tempo, o adiamento da sua preocupação aumentará sua confiança na sua habilidade de controlá-la e lhe dará mais prática para afastar a atenção dos seus pensamentos ansiosos.

Outra razão pela qual o adiamento da preocupação funciona é que, muitas vezes, quando as pessoas chegam ao "tempo para preocupação" designado, elas já esqueceram sobre o que estavam planejando se preocupar ou aquilo já não parece importante. Pensamentos preocupantes podem parecer extremamente urgentes e importantes no momento, mas, com algum tempo e distância deles, sua importância diminui. Então, quando você chegar ao seu tempo para preocupação, não *precisa* se preocupar se não se sentir mais obrigado a fazê-lo. Você simplesmente se *permite* preocupar-se, caso ache que ainda é relevante.

Se você perceber que está se preocupando fora do tempo para preocupação, ou não tiver certeza se está apenas se preocupando ou respondendo a um problema real, a primeira pergunta a se fazer é: "Eu preciso resolver este problema agora?". Normalmente, a resposta é não. Mas, se for uma questão urgente, vá em frente e resolva o problema (adote medidas ativas para uma solução), em vez de se preocupar a respeito. Porém, se puder esperar, adie sua preocupação até o tempo para preocupação e redirecione sua atenção para o que for mais importante naquele momento. Ou, se você estiver se preocupando sobre algo para o qual precisa dar atenção em um futuro próximo, faça um plano para quando resolverá o problema e, em seguida, redirecione seu foco para o presente. Esse processo é ilustrado na Figura 4.1 para ajudá-lo a decidir o que fazer.

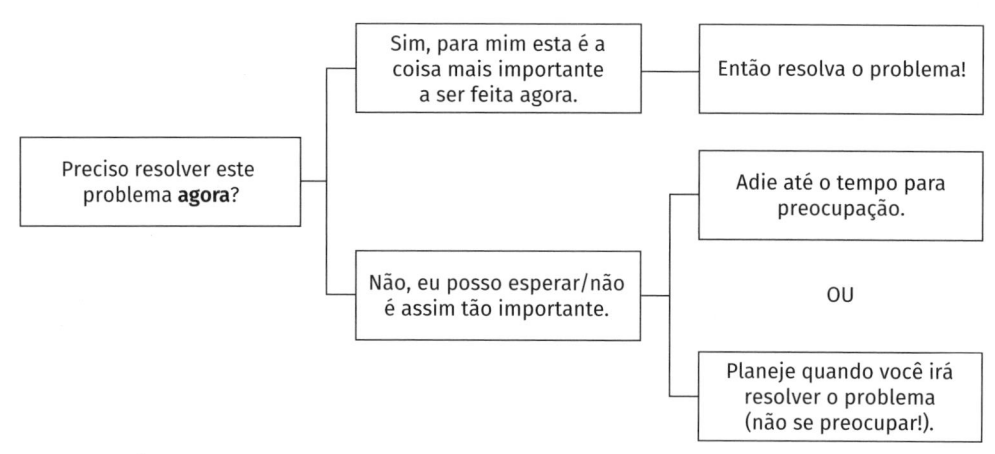

FIGURA 4.1 Árvore de decisão para adiamento da preocupação.

Para ver como é esse processo com mais detalhes, consulte o Registro do adiamento de preocupações de Elijah (você fará isso para praticar em casa, usando a folha de exercícios disponível no final deste módulo e no material complementar do livro em loja. grupoa.com.br).

Lidando com a ansiedade **125**

REGISTRO DO ADIAMENTO DE PREOCUPAÇÕES

Tempo para preocupação planejado: **19h às 19:30h**

Dia e hora	Pensamento de preocupação	Intensidade (0-10) no momento	Preciso resolver isso agora? Se sim, então faça. Se não, adie ou planeje	Intensidade (0-10) durante o tempo para preocupação
Terça, 1h da manhã	O aluguel vence na semana que vem, a conta do meu cartão de crédito continua crescendo, e nem mesmo sei quanto dinheiro tenho na minha conta bancária.	7	Não, dormir é mais importante. Vou dar uma olhada nas minhas finanças amanhã à noite e fazer um plano.	4. Ainda estou ansioso sobre as finanças, mas não tanto quanto na noite passada, e isso ajuda a ter um plano.
Quarta, 10h	O trabalho que entreguei na semana passada estava terrível e vou receber uma nota baixa na disciplina.	6	Não, devo focar nesta disciplina que estou fazendo agora.	5. Ainda estou um pouco ansioso sobre a minha nota, mas pelo menos não passei o tempo todo em aula me preocupando com isso.
Quarta, 16h	Meu professor não respondeu ao meu e-mail; provavelmente, ele acha que não mereço estar nesta aula.	6	Não, devo focar minha energia no meu treino físico neste momento.	1. Agora parece ser uma preocupação tola.

Como você pode ver, as preocupações de Elijah com as finanças refletem um problema real que precisa ser resolvido, mas não no meio da noite. Então, ele fez um plano para quando cuidaria dessa situação, o que o ajudou a controlar sua preocupação. Quando chegou o tempo para se preocupar, ele ainda estava um pouco ansioso, mas não tanto quanto na noite anterior. Outra das suas preocupações, que era sobre o trabalho que havia entregue, ainda era uma inquietação na hora da preocupação. Entretanto, ao adiar seu pensamento sobre isso, ele conseguiu se concentrar melhor na aula no início do dia. Por fim, a preocupação sobre a falta de respostas do professor ao *e-mail* acabou parecendo totalmente irracional para ele no fim daquele dia, então adiar essa preocupação foi especialmente útil.

REVISÃO DA SEÇÃO: PONTOS PRINCIPAIS

- A preocupação não é um indicador preciso de resultados futuros. Uma maneira útil de demonstrar isso a si mesmo é monitorar as previsões que a sua preocupação faz sobre o futuro e compará-las com os resultados reais.

- Metacognições negativas são crenças de que a preocupação é incontrolável ou leva a consequências desastrosas. Essas crenças podem levar à evitação de situações potencialmente estressantes ou aumentam a preocupação quando você se sente ansioso.

- Embora a preocupação às vezes pareça incontrolável, ela pode ser interrompida pelo redirecionamento da sua atenção para o que está acontecendo no momento presente. Como você pode escolher para onde direcionar sua atenção, pode exercer controle sobre a preocupação.

- Adiar sua preocupação para um período de tempo específico no dia ("tempo para preocupação") pode ajudar a liberar espaço durante o dia para focar nas coisas com as quais você mais se importa. Muitas vezes, quando chega o "tempo para preocupação", as preocupações prévias já não parecem tão importantes.

PRATIQUE EM CASA

- **Exercício de contraste da preocupação:** Quando você perceber que está se preocupando com algo, escreva o que essa preocupação está prevendo que irá acontecer na folha de exercícios de contraste da preocupação (também disponível no material complementar do livro em loja.grupoa.com.br). Em seguida, avalie como o desfecho real se compara com sua previsão. Você também pode fazer isso retrospectivamente.

- **Adiamento da preocupação:** Escolha um período de 20 a 30 minutos (não imediatamente antes da hora de dormir) para permitir se preocupar. Todas as outras preocupações durante o dia devem ser adiadas para esse momento. Use o Registro de adiamento da preocupação (também disponível no material complementar do livro em loja.grupoa.com.br) para monitorar como a intensidade da sua preocupação muda depois que você a adia até o tempo para preocupação, e avalie se as preocupações representam questões urgentes que precisam ser resolvidas imediatamente ou podem esperar até outra hora.

- **Continue usando suas habilidades:** Continue usando RMP e desafiando crenças e habilidades de atenção desfocada quando necessário para responder efetivamente à sua ansiedade.

FOLHA DE EXERCÍCIOS DE CONTRASTE DA PREOCUPAÇÃO		
Previsão da preocupação	Resultado real	Sua preocupação era precisa? *Avalie as evidências a favor e contra e descatastrofize para responder*

REGISTRO DO ADIAMENTO DA PREOCUPAÇÃO

Tempo de Preocupação Programado: _____

Dia e hora	Pensamento de preocupação	Intensidade (0-10) no momento	Preciso resolver isso agora? Se sim, então faça. Se não, adie ou planeje	Intensidade (0-10) durante o tempo para preocupação

MÓDULO 5

Enfrentando cenários e imagens temidos

Os dois últimos módulos focaram em ferramentas que ajudam você a desafiar e se distanciar de pensamentos de preocupação. Nos próximos dois módulos, você aprenderá sobre os benefícios de confrontar seus medos e como fazer isso de forma eficaz. Mas, primeiro, vamos falar um pouco mais sobre preocupação. Conforme discutido anteriormente, a preocupação é uma resposta de pensamento *disfuncional* a um problema potencial que enfatiza as interpretações negativas de um cenário. A preocupação tende a ser de natureza *verbal*, ou seja, a maioria das suas preocupações chega até você na forma de palavras e frases usadas para processar um evento que poderia ter um resultado negativo. Embora a linguagem possa ser sua amiga, ela também pode ser usada como uma arma contra você quando se trata de ansiedade, pois o processamento de situações assustadoras de forma verbal pode funcionar como uma forma de evitação.

Pense nisso dessa maneira. O que parece mais difícil: usar a linguagem para pensar sobre o pior cenário possível ou assistir a um filme em que isso acontece com detalhes vívidos? A maioria das pessoas diria que o filme é muito mais difícil, pois os efeitos visuais e sonoros vívidos provocam emoções muito mais intensas. Portanto, quando o pensamento de um cenário negativo surge para nós, usar a linguagem para se preocupar é uma resposta natural para nos proteger de enfrentar a imagem completa de um resultado temido. Isso o ajuda a evitar experimentar a intensidade máxima do seu cenário temido. Agora fica fácil ver que *preocupação é evitação*! Vejamos o caso de Sofia:

> *Recentemente, Sofia soube que seu filho mais velho fará uma viagem para Nova Orleans durante as férias da faculdade. Embora estivesse feliz por ele, Sofia pediu-lhe que telefonasse todos os dias durante a viagem para tranquilizá-la de que ele estava bem. No entanto, no dia em que seu filho viajou para Nova Orleans, ela não teve notícias dele. Sofia tentou desafiar seu pensamento catastrófico usando consciência separada, mas, quando ainda não tinha recebido notícias dele no dia seguinte ao voo, ela cedeu ao impulso de procurar ansiosamente por qualquer sinal de que ele tivesse chegado em segurança. Ela fez buscas na internet desesperadamente para se certificar de que não havia relatos de um acidente aéreo. Pensamentos automáticos surgiam em sua mente, como "E se o avião caiu e as autoridades ainda nem sabem? Talvez ele tenha acabado no hospital depois de beber demais!". Com a incerteza persistindo em sua mente, foi relativamente fácil para Sofia imaginar os piores cenários possíveis e as catástrofes potenciais. Sofia sentiu que não poderia tolerar essas imagens assustadoras e disse a si mesma que precisava ter a garantia de que seu filho estava bem para evitar que essas imagens catastróficas tomassem conta do seu pensamento. Logo no início da tarde, sem ainda ter nenhuma notícia do filho, Sofia lhe enviou inúmeras mensagens de texto e ligou várias vezes até que ele finalmente atendeu. Ela ficou aliviada, é claro, ao saber que o filho estava bem e apenas havia esquecido de ligar para ela, mas estava chateada consigo mesma por quer perdido tanto tempo sentindo-se tensa.*

Sofia estava preocupada. Tenho certeza de que você consegue se identificar com ela. A preocupação pode parecer produtiva a curto prazo, embora nunca pareça abordar nossos medos e ansiedade subjacentes de forma significativa. O que podemos fazer a respeito disso? Bem, podemos usar os princípios da *terapia de exposição* para focar nos pensamentos de preocupação. Tradicionalmente, os terapeutas usam a terapia de exposição para ajudar as pessoas a superarem fobias, fazendo com que enfrentem seus medos pessoalmente. Indivíduos com fobia de aranhas podem precisar primeiro olhar fotos de aranhas, depois olhar para uma aranha dentro de um pote de vidro e, por fim, segurar uma aranha viva em suas mãos. Ensinar as pessoas a se aproximarem dos seus medos em vez de evitá-los permite que aprendam que as situações temidas são realmente seguras. Essa é uma ideia extremamente importante, mas difícil para as pessoas acreditarem totalmente às vezes, então vamos analisá-la um pouco mais.

POR QUE ENFRENTAR SEUS MEDOS?

Quando nos deparamos com uma situação temida, ou até quando pensamos em uma, nos defrontamos com duas possibilidades básicas: enfrentar o medo ou evitá-lo. Conforme já discutido, evitação não significa simplesmente evitar a situação; também envolve ações como buscar tranquilização ou garantias, preparar-se excessivamente ou realizar outras tarefas com o objetivo de evitar a ansiedade. Muitas vezes, a evitação parece melhor a curto prazo, mas ela tem custos significativos. Vamos acompanhar as consequências da evitação a seguir, na Figura 5.1.

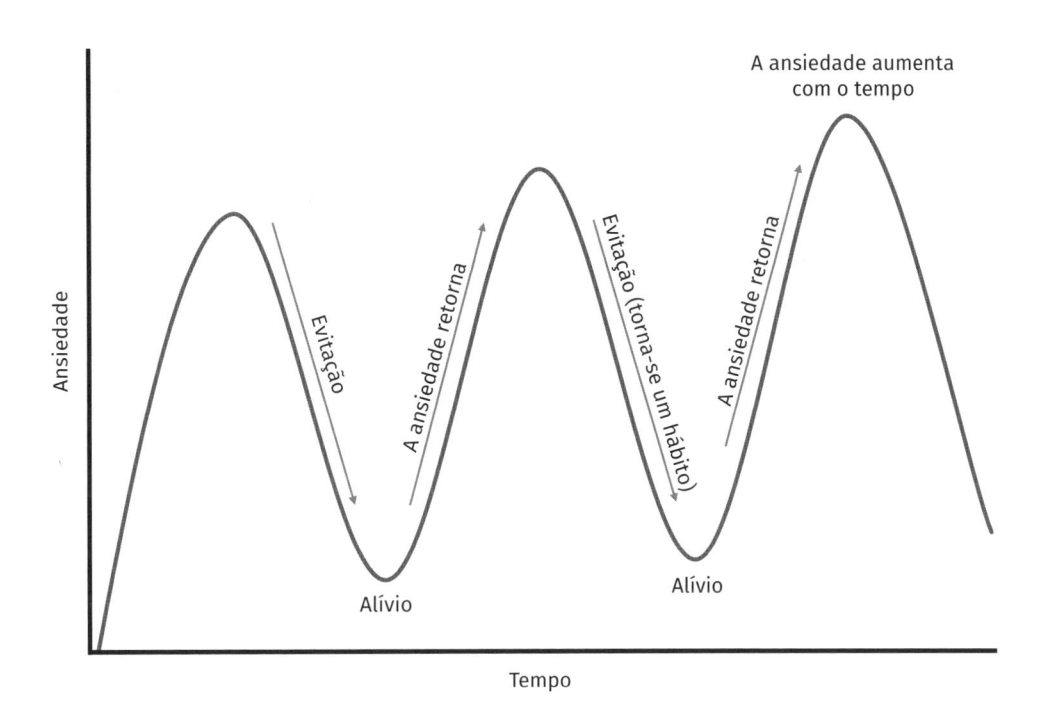

FIGURA 5.1 Modelo de evitação da ansiedade.

Como você pode ver, a evitação reduz nossa ansiedade temporariamente. Mas o que acontece na próxima vez em que você se depara com essa situação ou esse pensamento? O medo volta a aumentar mais uma vez. Você pode continuar evitando todas as vezes, mas o medo retornará sempre que você se deparar com a situação. Na verdade, a evitação tende a tornar o medo ainda pior. Isso ocorre porque, ao evitar, você está basicamente dizendo ao seu cérebro que a situação é, de fato, perigosa. Por exemplo, quando Sofia manda mensagens constantemente para seu filho para ter certeza de que ele está em segurança, isso faz com que ela ache que ele não está seguro, a não ser que ele responda dizendo que está bem. Além disso, o alívio proporcionado pela evitação também parece bom (pelo menos em relação a não evitação) e, assim, torna-se um hábito.

Vejamos, no gráfico a seguir, o que acontece quando você enfrenta seus medos.

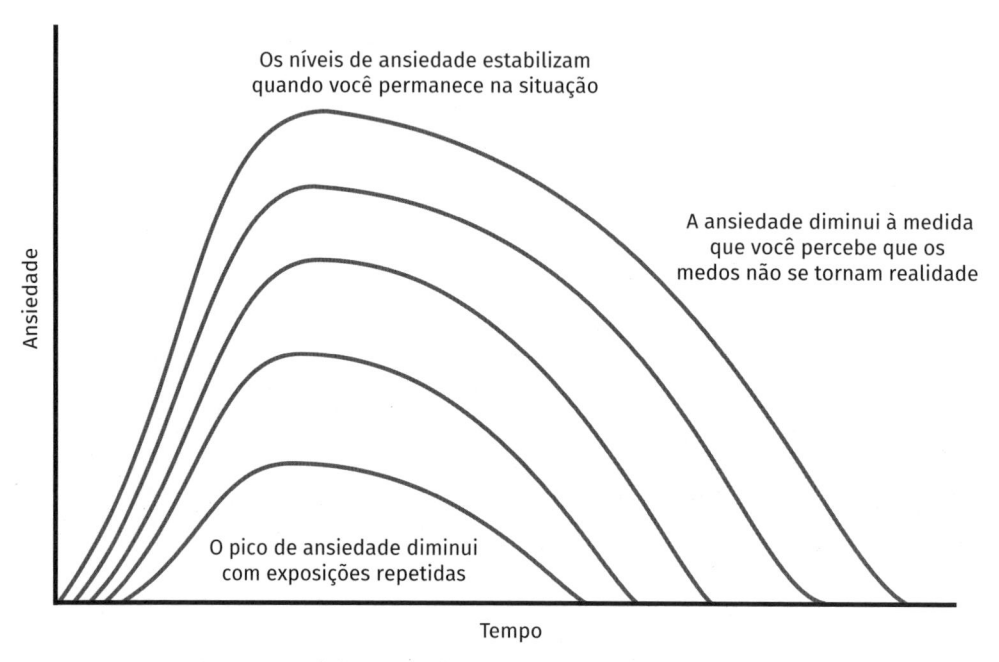

[Gráfico: eixo vertical "Ansiedade", eixo horizontal "Tempo", com várias curvas em forma de sino decrescentes. Rótulos: "Os níveis de ansiedade estabilizam quando você permanece na situação"; "A ansiedade diminui à medida que você percebe que os medos não se tornam realidade"; "O pico de ansiedade diminui com exposições repetidas".]

FIGURA 5.2 Modelo de exposição da ansiedade.

Nesse caso, você se depara com um cenário temido, sua ansiedade aumenta, mas você não a evita. O que você acha que vai acontecer? Bem, a ansiedade continuará a aumentar, mas ela não aumenta indefinidamente. Depois de um tempo, ela se estabilizará e, então, começará a diminuir. Em princípio, isso pode não parecer muito melhor do que evitar. No entanto, se você se aproximar dessa situação temida uma segunda vez, as coisas ficam melhores. Especificamente, o pico do medo é mais baixo, e a ansiedade reduz mais durante o curso da exposição. Faça isso repetidamente e, por fim, a resposta de medo se torna mínima e você não vai mais sentir o impulso de evitá-la.

Por que isso acontece? Bem, quando você enfrenta repetidamente uma situação temida em vez de evitá-la, tem a oportunidade de ver que as coisas que temia não acontecem realmente, ou não são tão ruins quanto você temia. Essencialmente, seu cérebro percebe que o sistema de alarme disparando é um alarme falso e que você não está realmente em perigo. Além disso, você tem a oportunidade de ver que a ansiedade que está experimentando é tolerável e inofensiva, em vez de algo a ser evitado a todo custo. Ao experimentar essas coisas, sua resposta automática ao medo diminui gradualmente.

Enfrentando os piores cenários possíveis

Há duas maneiras pelas quais as técnicas de exposição podem ser aplicadas a você. Uma é enfrentar as situações da vida real ou coisas que você teme. Isso é denominado *exposição comportamental*, e veremos isso no Módulo 6. Uma segunda maneira de usar a exposição é confrontar os piores cenários possíveis na sua mente usando o imaginário (exposição imaginária).

Imaginar os piores cenários possíveis provavelmente parece difícil, mas asseguramos que isso pode ter alguns efeitos muito poderosos. Voltar-se para seus piores medos, imaginando-os vividamente, lhe dá a oportunidade de aprender que o estresse associado não é tão incontrolável quanto sua ansiedade faz parecer ser. Você aprende que a imagem de um cenário temido é apenas isso – uma imagem. Como esses pensamentos não são situações reais, sua mente vai se acostumar com eles e o estresse vai diminuir, como na Figura 5.2. Com o tempo, as preocupações e os comportamentos guiados pela preocupação que se originam desses piores cenários possíveis também diminuem de intensidade.

Essa habilidade é bem diferente de todas as outras que já praticamos até agora. As habilidades que você usou até aqui – aprender a relaxar fisicamente, repensar seus pensamentos – são voltadas para a redução da sua ansiedade, de forma muito semelhante a tomar um medicamento se você estiver gripado. No entanto, a exposição imaginária é como tomar uma vacina para gripe em vez de tomar o medicamento quando você já está doente. Tomar uma vacina não trata os sintomas que você está tendo no momento, mas reforça sua imunidade à gripe (ou a essas preocupações e a ansiedade, no nosso caso) a longo prazo. Inicialmente, isso é muito desafiador, mas, com a prática, você verá uma redução significativa na sua ansiedade a longo prazo.

Por que as imagens ajudam?

Essa é uma ótima pergunta de ser feita! Pode ser difícil acreditar que as preocupações simplesmente irão embora se a sua imaginação visualizar as coisas mais assustadoras possíveis. Muitas pessoas, inclusive, esperam que isso vá fazer suas preocupações aumentarem. Embora essa questão certamente seja compreensível, há razões específicas para que o imaginário seja útil e nos deixe mais perto de abrir mão da evitação.

Lembre-se de que a preocupação está baseada na linguagem. Ela depende de palavras e frases para representar seu medo para que você não precise enfrentá-lo por completo. Em vez de evitar essas imagens com suas preocupações baseadas na linguagem (ou outras formas de evitação), a exposição imaginária o ajudará a se aproximar dessas imagens e vencer seus medos. Como as imagens o impedem de usar a linguagem como uma técnica de evitação, você terá mais chance de descobrir se o seu maior medo é realmente tão intolerável assim.

Praticando a visualização

Antes de abordarmos as exposições imaginárias, é importante praticar a visualização para que você possa mergulhar nos exercícios que faremos mais tarde. Uma visualização de sucesso requer altos níveis de vividez e atenção sustentada, e você pode perceber que responde a certos elementos da visualização mais facilmente do que a outros. Começaremos imaginando cenas neutras para que você consiga pegar o jeito antes de imaginar cenários mais desagradáveis.

Leia o roteiro a seguir e visualize a cena com o maior número possível de detalhes. Depois de ler, feche os olhos e use a imaginação para mergulhar nesse mundo o máximo possível. Tente realmente sentir como se estivesse lá:

Você está sentado à margem de um rio borbulhante. Bem próximo ao rio, há um penhasco com uma cachoeira sobre a borda rochosa, formando uma piscina logo abaixo. O som da água batendo nas pedras parece um murmúrio, e a névoa da cachoeira atinge seu rosto. Você pode sentir a umidade fria na sua pele e o cheiro de sal no ar. O sol ilumina a névoa e você pode ver a água brilhar como partículas de ouro.

1. Avalie quão *vívida* foi a cena em uma escala de 0 (nenhuma imagem) a 100 (parece que você estava lá).

   _____

2. Quantas vezes sua atenção se desviou da cena?

   _____

3. Qual parte da cena foi mais fácil imaginar?

   _____
   _____

4. Qual parte da cena foi difícil imaginar?

   _____
   _____

Se você teve alguma dificuldade para visualizar essa cena, lembre-se de que visualização é uma habilidade que requer prática. Além disso, se alguns elementos da cena (visão, som, toque) se destacaram, você pode focar mais neles para tornar a cena mais vívida. Isso também será importante para quando você criar sua própria cena. Se isso for difícil, pratique mais algumas vezes para tentar melhorar sua habilidade de visualização.

EXPOSIÇÃO IMAGINÁRIA

Agora que você já praticou alguns exercícios de visualização, está na hora de descobrir o que irá imaginar. O primeiro passo é identificar o pior cenário possível que está por trás de suas preocupações mais frequentes e incômodas. Frequentemente, nossas preocupações do dia a dia nos incomodam muito porque, se elas se concretizarem, pareceria algo muito mais significativo e catastrófico. Podemos pensar nessas preocupações subjacentes como *medos nucleares*. Por exemplo, pessoas que se preocupam muito com cada compra que fazem podem ter um medo subjacente de que levarão sua família à ruína financeira por gastarem demais e, como consequência, a família ficará na rua. Outros medos subjacentes podem ser coisas como contrair uma doença grave e perder a chance de viver uma vida gratificante, ou ir tão mal nos estudos que será expulso da faculdade e suas perspectivas de carreira estarão completamente arruinadas.

Depois de termos uma noção do medo nuclear subjacente a um domínio de preocupação, podemos fazer com que os medos se tornem mais concretos perguntando: "Como seria se isso se tornasse realidade?".

Vamos dar uma olhada em alguns exemplos dos parceiros do seu livro de exercícios.

Sofia

Tema da preocupação: *segurança do meu filho.*

Medo subjacente: *algo devastador vai acontecer com meu filho mais velho e será minha culpa porque não zelei por sua segurança o suficiente.*

Pior cenário possível: *meu filho não me ligar durante as férias porque bebeu demais e acabar no hospital. As pessoas me culparem por deixá-lo sair de férias em uma nova cidade sem supervisão.*

Elijah

Tema da preocupação: desempenho nos estudos.

Medo subjacente: jamais conseguirei concluir a faculdade ou atingir algo significativo por causa da minha ansiedade e procrastinação. Serei visto como um fracasso e ninguém vai querer estar em um relacionamento comigo.

Pior cenário possível: vou tirar uma nota ruim na tarefa que procrastinei e meu orientador da faculdade me informar que serei obrigado a deixar a faculdade. Como não terei um diploma, não poderei quitar todas as minhas dívidas e minha namorada vai me deixar.

Para cada um desses exemplos, você pode ver como o tema de uma preocupação do dia a dia não é apenas sobre a preocupação nuclear, mas se conecta a uma preocupação muito maior. Para Sofia, sua preocupação com o filho é motivada pelo medo de ser responsável por qualquer coisa que aconteça com ele. Para Elijah, sua preocupação com os estudos está ligada ao medo de que o fracasso signifique que ele irá perder sua namorada. Imaginar os piores cenários possíveis pode parecer um pouco cruel, mas usar a exposição imaginária para tornar a preocupação subjacente menos assustadora pode ajudar a tirar muito poder das preocupações do dia a dia. A exposição imaginária vai até a origem do medo, não na sua superfície, e, por isso, é uma das ferramentas mais poderosas que você pode usar.

Seus piores cenários possíveis

Agora, vamos nos voltar aos seus piores cenários possíveis. Comece escolhendo um tema de preocupação comum e, em seguida, identifique o medo subjacente, indo até o fim da sua cadeia de preocupações e perguntando a si mesmo: "Qual é a pior coisa que poderia acontecer?" ou "O que há de tão ruim nisso?". Você pode ter que se perguntar várias vezes para chegar à questão central. Isso é semelhante às perguntas que você se fez ao identificar o pensamento catastrófico, mas, desta vez, você não está tentando desafiar esses pensamentos. Em vez disso, tente pensar no que significaria para você se esse pior cenário se tornasse realidade, pois isso ajudará a chegar ao medo subjacente. Muitas vezes, o significado será sobre coisas como ser um fracasso, viver uma vida insatisfatória, perder coisas importantes ou ser responsável pela dor de outros. Reconhecemos que estas são coisas difíceis de pensar, mas asseguramos que é uma ferramenta poderosa, então mantenha-se firme!

Depois de ter uma noção do medo subjacente, torne-o mais específico pensando em uma imagem ou cena concreta que capte esse pior cenário possível se tornando realidade, da mesma forma que os parceiros do seu livro de exercícios fizeram anteriormente. Essas podem até ser imagens que surgiram na sua mente no passado, mas que você tentou expulsar porque eram muito assustadoras. Você não precisa elaborar muito o cenário neste momento, pois preencherá os detalhes mais adiante. Tente imaginar três cenários diferentes a seguir, embora você possa se dar conta de que algumas das suas preocupações têm o mesmo medo subjacente.

Tema da preocupação	Medo subjacente	Pior cenário possível

CRIANDO UM ROTEIRO PARA EXPOSIÇÃO IMAGINÁRIA

Depois de ter seus piores cenários possíveis, está na hora de fazer um roteiro para ajudá-lo a imaginar vividamente a cena. É como escrever uma cena em um filme que descreva alguns minutos de ação. Aqui estão algumas orientações para tornar o roteiro mais eficaz:

1. Escreva na primeira pessoa, usando "Eu".
2. Escreva no tempo presente (p. ex., "Estou chegando em casa após um dia de trabalho...").
3. Use detalhes sensoriais para ajudar a preencher a cena:
    a. Sentimentos físicos de ansiedade ou outras emoções (p. ex., taquicardia)
    b. Imagens detalhadas do entorno
    c. Outras sensações (sons, cheiros, toque)

4. *Não* liste simplesmente os pensamentos de preocupação que você teria na cena (p. ex., "Eu me preocupo com o que farei para ganhar dinheiro"). Lembre-se de que estamos tentando ir além de uma forma verbal de descrever a ansiedade para criar uma imagem.

5. Tente compreender o *significado* do evento (p. ex., "Isso significa que fracassei").

Vamos examinar um exemplo do roteiro de Sofia para que você tenha uma ideia melhor de como isso funciona:

Estou sentada em casa, pagando algumas contas na sala de estar, quando recebo uma ligação de um número em Nova Orleans. Meu coração começa a disparar imediatamente e me levanto na expectativa de notícias sobre meu filho mais velho. Eu atendo, e é uma enfermeira que me diz que ele foi internado no hospital por consumo excessivo de álcool. Ela me diz que ele está fazendo uma lavagem estomacal e não está muito bem. Sinto meu estômago embrulhar e afundo no sofá na sala. Quase não consigo falar de tão abalada que estou. Depois de dar detalhes sobre o estado dele, a enfermeira diz com um tom de voz severo: "Eu não deixaria meu filho jovem adulto ir para Nova Orleans sozinho; você deveria ficar de olho nele". Meu corpo tem um surto de ansiedade quando ela diz isso. É tudo minha culpa. Eu nunca deveria ter deixado ele ir. Sou uma mãe irresponsável. Sinto-me fraca, frágil e desorientada, e largo o telefone que está na minha mão. Vejo uma foto do meu filho mais velho sobre a mesa ao meu lado, seu rosto sorridente, e me sinto devastada pelo remorso pela vergonha.

Esta é uma cena difícil de imaginar, mas há alguns detalhes que a tornam bastante eficaz. Primeiramente, é criada uma cena que Sofia pode realmente imaginar descrevendo os detalhes do seu ambiente (a sala de estar, a foto do filho). Também descreve suas sensações corporais (coração acelerado, estômago embrulhado) e comportamentos (afundar no sofá, largar o telefone). Por fim, a cena deixa o significado do pior cenário possível muito evidente quando, em vez de não só acontecer um evento trágico com seu filho, a enfermeira sugere que Sofia foi irresponsável, o que desencadeia seu medo subjacente de ser responsável por qualquer dano.

Seu roteiro

Para o seu primeiro roteiro, revise seus piores cenários possíveis e escolha aquele que você espera que seja o menos estressante. É melhor começar com um cenário um pouco mais fácil, pois isso permite que você vá obtendo mais domínio ao aprender procedimentos e detalhes da exposição imaginária em níveis mais baixos de estresse. Isso faz com que seja mais provável que você tenha sucesso no uso eficaz da exposição imaginária em relação ao seu maior medo.

No espaço a seguir, escreva uma cena que capture seu pior cenário possível (não comece a visualizá-la ainda). Siga as orientações descritas anteriormente e use a cena de Sofia como exemplo. Certifique-se de que o pior cenário possível seja algo que você pode imaginar realisticamente acontecer, ou então não será eficaz. Sabemos que escrever isso pode ser perturbador, mas este é o primeiro passo para superar seus medos por meio da exposição.

Cena 1: _____

_____
_____
_____
_____
_____
_____
_____
_____
_____
_____
_____
_____
_____
_____
_____
_____
_____
_____
_____

PASSOS PARA EXPOSIÇÃO IMAGINÁRIA

Bom trabalho ao escrever seu primeiro roteiro de exposição imaginária! Se você está se sentindo apreensivo em continuar, lembre-se de que, ao fazer esses exercícios de exposição e enfrentar seus medos repetidamente, o estresse emocional diminuirá com o tempo e a imagem será apenas uma imagem. Ao enfrentar essas imagens temidas, você será capaz de mudar o significado que a imagem tem, o que tirará o poder que esses medos têm sobre você.

Siga os passos a seguir para guiá-lo pela exposição imaginária. Esse procedimento para a exposição imaginária é derivado de diretrizes de tratamento baseadas em evidências (Craske & Barlow, 2006). É melhor tentar fazer isso em um ambiente confortável, onde não haverá distrações. Antes de iniciar, tenha consigo um cronômetro ou relógio para que você possa programar um alarme de cinco minutos para o Passo 4.

1. Leia a descrição da imagem, feche os olhos e imagine a cena como se ela estivesse acontecendo agora. Concentre-se nos detalhes da cena que a tornam mais vívida para você (seus sentimentos físicos, o que você vê, o que você ouve, o significado para você).

2. Após cerca de 30 segundos, avalie a vividez da imagem e o seu nível de estresse usando a SUDS a seguir.

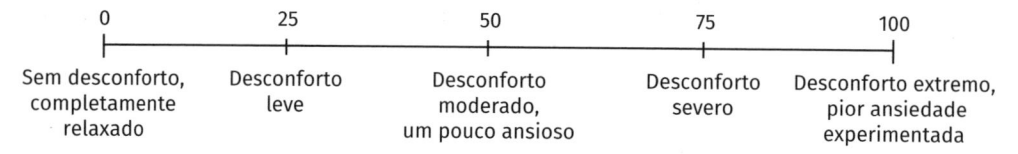

```
0              25             50             75            100
|--------------|--------------|--------------|--------------|
Sem desconforto,  Desconforto   Desconforto   Desconforto   Desconforto extremo,
completamente       leve        moderado,      severo       pior ansiedade
   relaxado                   um pouco ansioso              experimentada
```

FIGURA 5.3 Escala de unidades subjetivas de desconforto (SUDS).

Escala de unidades subjetivas de desconforto (SUDS): _____

Vividez de 0 (nenhuma imagem) a 100 (parece que você está lá): _____

3. Se a imagem não estiver clara ou você classificá-la como menos de 50 na escala de vividez, fique mais um ou dois minutos imaginando a situação no tempo presente como participante, em vez de observador. Você também pode acrescentar mais detalhes sensoriais ao roteiro para torná-lo mais vívido (o que você vê, ouve e sente).

4. Quando tiver uma imagem vívida que seja emocionalmente evocativa (produz ansiedade acima de 50 na SUDS), observe a imagem por cinco minutos. Programe um cronômetro para alertá-lo quando tiver acabado o período de cinco mi-

nutos para que você não fique olhando para o relógio enquanto faz a exposição. Ao imaginar a situação, permita-se experimentar as emoções produzidas pela imagem. Não tente mudar a imagem que você vê ou o que estiver experimentando emocional ou fisicamente. O mais importante é se permitir enfrentar inteiramente a imagem e a ansiedade. Avalie seu nível na SUDS novamente.

SUDS pós-imaginário: _____

5. Depois de completar cinco minutos de exposição imaginária, pergunte-se o seguinte:

- Só porque imaginei essa situação ela realmente acontecerá?
- Quais são as chances reais de que isso aconteça?
- Se essa situação acontecesse, que recursos eu teria para lidar com o resultado?
- Como eu lidaria com isso após um mês, vários meses, um ano e até mesmo 10 anos?
- Estou exagerando quanto ao significado dessa situação imaginada?

O objetivo de fazer essas perguntas é promover suas estratégias de pensamento mais realistas aprendidas anteriormente neste livro e reconhecer que isso é apenas uma imagem, não um fato. Nem todas serão necessariamente úteis, então concentre-se apenas naquelas que são.

REVENDO SUA EXPOSIÇÃO E OS PRÓXIMOS PASSOS

Primeiramente, parabenize-se por fazer uma das coisas mais assustadoras que você poderia fazer! Felizmente, você se acostumou pelo menos um pouco à imagem durante a exposição e viu sua classificação na SUDS diminuir. Caso não tenha diminuído, não desanime! Como tudo o que você aprendeu até agora, a exposição imaginária requer prática, e poderão ser necessárias algumas repetições para que a ansiedade diminua significativamente.

Em segundo lugar, é importante ter certeza de que você está fazendo as exposições corretamente. Pergunte-se se você está usando comportamentos de evitação durante a exposição imaginária, como se distrair, não imaginar as partes mais difíceis da imagem ou mudar a cena para que haja um resultado mais favorável. Pensar nas perguntas do Passo 5 ("Quais são as chances?") durante a exposição imaginária pode ser evitação, então não passe para essa etapa antes do tempo. Se notar qualquer evitação, lembre-se de persistir na imagem temida, incluindo as partes mais difíceis, durante todo o exercício. Lembre-se de que sua vividez deve ser de pelo menos 50 em 100.

Na próxima semana, você deve continuar fazendo as exposições ao pior cenário possível que acabou de imaginar, até que ele não cause mais tanto estresse. O objetivo é ficar entediado com a imagem. Você pode monitorar seu progresso no Formulário de Registro da Exposição Imaginária no final do módulo e no material complementar do livro em loja.grupoa.com.br. Quando seu nível na SUDS tiver chegado a 25 ou menos para determinado cenário, crie um novo roteiro com o próximo cenário mais difícil que você identificou anteriormente. Siga as orientações em "Criando um roteiro para a exposição imaginária" para torná-lo o mais eficaz possível.

Cena 2: _____

_____
_____
_____
_____
_____
_____
_____
_____
_____
_____
_____
_____
_____
_____

Cena 3: _____

REVISÃO DA SEÇÃO: PONTOS PRINCIPAIS

- A preocupação é um tipo de comportamento de evitação. Ela envolve o uso de palavras e linguagem, em vez de enfrentar uma imagem temida do seu pior cenário possível se tornando realidade.

- Ao enfrentar seus medos repetidamente, sua ansiedade diminuirá. Enfrentar seus medos permite que você perceba que aquilo de que tem tanto medo é tolerável e improvável que aconteça.

- A exposição imaginária envolve imaginar o pior cenário possível, em detalhes vívidos, se tornando realidade. Ela funciona para reduzir sua imagem temida a longo prazo porque, diferentemente da preocupação, envolve confrontar os seus medos. Ao permanecer tempo suficiente com uma imagem temida, ela perderá sua força, e as preocupações relacionadas diminuirão.

- Ao fazer exposição imaginária, é importante abrir mão de comportamentos de evitação, como distração, mudar a cena ou focar apenas nas partes mais fáceis da imagem.

PRATIQUE EM CASA

- **Habilidades de visualização:** se você estiver com dificuldades, pratique suas habilidades de visualização com cenas neutras.

- **Prática de exposição imaginária:** faça três exercícios de exposição imaginária de cinco minutos todos os dias com o roteiro que você criou e monitore seu progresso no formulário de registro na próxima página. Isso pode parecer muito, mas consistência é o segredo para o sucesso com a exposição imaginária, então valerá a pena. Fazer isso apenas uma ou duas vezes provavelmente não irá ajudar. O objetivo é continuar fazendo com a mesma imagem até que seu nível na SUDS chegue a 25 (ou menos).

- **Novos roteiros de exposição imaginária:** crie dois novos roteiros com o outro pior cenário que você imaginou. Quando seu nível na SUDS estiver em 25 ou menos em resposta a um roteiro, comece a fazer exposição com o próximo mais difícil. Se estiver com dificuldades para criar uma cena vívida para um cenário, você pode tentar trocar por outro, mas certifique-se de que realmente se empenhou nele.

FORMULÁRIO DE REGISTRO DA EXPOSIÇÃO IMAGINÁRIA

Monitore o nível máximo que você atinge na SUDS durante a exposição e onde ele está ao final do exercício. Além disso, avalie quão vívido foi o imaginário (atinja > 50). Por fim, sinalize se você usou algum comportamento de evitação, como distração ou foco nas partes mais fáceis da cena.

Data	Cenário	Pico da SUDS (0-100)	Fim da SUDS (0-100)	Vividez	Evitação (Sim/Não)

MÓDULO 6
Mudando comportamentos

Vamos revisar os casos de Jill, Elijah e Sofia, com ênfase em seus *comportamentos guiados pela ansiedade* – os comportamentos em que cada um está engajado, guiado pela sua ansiedade. Vamos usar esses comportamentos como exemplos ao longo deste módulo para ajudá-los a gerar seu próprio plano de mudança comportamental!

Jill

Jill fez um ótimo trabalho ao se engajar na prática de relaxamento muscular progressivo e no desafio de pensamentos negativos que surgem ao longo de sua semana de trabalho. No entanto, ela ainda passa muito tempo nos fins de semana se preocupando com a semana seguinte. Esta semana, ela tem mais uma apresentação na frente de seu chefe, então ela está se sentindo particularmente "no limite". Ela tenta usar suas habilidades de atenção desfocada para observar as preocupações de forma objetiva, o que ajuda por um curto período de tempo, mas as preocupações retornam. Jill quer passar seu fim de semana focando em coisas que ela gosta, como almoçar com suas amigas e finalmente terminar de ler aquele romance para o clube do livro, mas sua ansiedade a leva a pensar sobre o traba-

lho e a se preparar. Ela passa boa parte do tempo apenas abrindo e fechando sua agenda no telefone para conferir os compromissos da próxima semana e atualiza constantemente sua caixa de mensagens para ver se alguém do trabalho lhe enviou um e-mail. Jill já fez inúmeras anotações na apresentação que fará diante do seu chefe e as relê continuamente, mas ela parece não ser capaz de assimilar tudo ou de se lembrar de algo do material. Como resultado, Jill está se sentindo sobrecarregada e preocupada com a próxima semana.

Elijah

Elijah tem visto progresso em sua evitação e ansiedade em relação ao trabalho da faculdade, cujo resultado é, em grande parte, do uso com sucesso de suas habilidades de "repensar os pensamentos" sobre a probabilidade e as consequências de ser reprovado nas suas disciplinas. Ao lembrar de que uma nota abaixo de A não é uma catástrofe e praticar a respiração consciente quando se preocupa com os estudos, ele tem conseguido se concentrar mais em seu trabalho e concluí-lo no prazo. Ele até recebeu feedbacks positivos em algumas tarefas recentes! No entanto, Elijah continua evitando conferir a fatura do seu cartão de crédito e do empréstimo estudantil porque isso o deixa muito ansioso. Ele fica irritado sempre que sua namorada fala sobre finanças, e tem dificuldade para conversar com ela sobre sua ansiedade. Ele está mais consciente em relação a isso e percebe que tem muitos pensamentos automáticos sobre ela abandoná-lo devido aos seus problemas de ansiedade. Isso ainda não o ajudou a se libertar do hábito do pensamento de evitação. Além disso, ele ainda tem dificuldade para dormir e se distrai muito com a TV para evitar seus pensamentos ansiosos.

Sofia

Sofia ficava constantemente preocupada com a segurança e o bem-estar dos seus filhos, sobretudo o mais velho, que recentemente saiu de casa para ingressar na faculdade. Ela tem tentado repensar seus pensamentos sobre a segurança dele, mas ainda liga e manda mensagens para ele várias vezes ao dia. Depois de praticar a exposição imaginária, ela já não presume o pior cenário possível caso seus filhos não lhe respondam, mas ainda busca notícias até receber retorno deles. Sofia também se sente facilmente sobrecarregada por pequenas coisas, como ser pontual e dar conta dos seus afazeres. Ela acha que nunca tem tempo suficiente para fazer as coisas e fica nervosa se acha que pode se atrasar para algo, mesmo que sempre seja pontual. Desde que começou a praticar relaxamento muscular, ela notou que suas dores de cabeça e dor no pescoço, que antes desencadeavam mais preocupação, melhoraram. Devido a essa melhora, ela passa menos tempo pesquisando possíveis doenças na internet e marca menos consultas médicas para se tranquilizar, mas ocasionalmente ainda acaba se engajando nesses comportamentos.

O COMPONENTE COMPORTAMENTAL DA ANSIEDADE

Você pode ver que os personagens do seu livro de exercícios fizeram progresso usando suas habilidades, mas algo que ainda os atrapalha é que eles estão se engajando em muitos comportamentos movidos pela ansiedade. Esse pode ser o seu caso também. Neste módulo, vamos focar nos comportamentos ansiosos que tendem a manter a ansiedade.

Como discutimos no Módulo 1, a parte comportamental da ansiedade refere-se ao que você faz como resultado dos seus sentimentos ansiosos. Os comportamentos normalmente são entendidos como envolvendo uma ação que você pode observar, como Jill atualizar seus *e-mails* e sua agenda repetidamente, em vez de realizar a leitura para o clube do livro ou sair com seus amigos. No entanto, o comportamento também pode envolver uma ação interna ou quase imperceptível. Por exemplo, Jill também pode estar sentada em frente ao computador apenas pensando sobre o que acontecerá se ela fizer um trabalho ruim na apresentação da próxima semana. Nesse caso, a preocupação de Jill *é* o comportamento. Podemos pensar na preocupação como um comportamento quando ela descreve o que você vai fazer em resposta a uma situação. Em vez de resolver problemas, o que envolveria experimentar uma estratégia para fazer progresso em sua apresentação, Jill está se preocupando. O conteúdo dos seus pensamentos durante a preocupação ("Vou fazer um péssimo trabalho nesta apresentação") constitui o componente cognitivo da ansiedade, mas o *ato* de se preocupar é um *comportamento*. É importante classificar a preocupação e outros comportamentos disfuncionais conforme você tenta mudar esses comportamentos para que estejam mais de acordo com seus valores e objetivos pessoais.

A seguir, apresentamos a lista de comportamentos comuns associados à ansiedade que discutimos inicialmente no Módulo 1. Mais uma vez, analise essa lista e marque os itens com os quais você se identifica. Se lembrar de outros que não estejam na lista, fique à vontade para adicioná-los.

☐ Procrastinar

☐ Buscar se tranquilizar

☐ Desabafar

☐ Preparação ou pesquisa excessivas

☐ Preocupação

☐ Verificar algo repetidamente

☐ Ser extremamente cauteloso

☐ Distrair-se (com a TV, conversa, internet)

☐ Abandonar uma situação

☐ Ingerir álcool ou usar outras drogas

☐ Manter itens de segurança (outras pessoas, medicamentos) com você

☐ Recusar-se a delegar tarefas a outras pessoas

☐ Outro: _____

☐ Outro: _____

☐ Outro: _____

INTOLERÂNCIA À INCERTEZA

Por que nos engajamos nesses comportamentos? A principal razão para um comportamento guiado pela ansiedade é a intolerância à incerteza ou a incapacidade para lidar com as incertezas da vida. Vamos encarar a realidade: a vida é imprevisível. Nós adoraríamos ter uma bola de cristal, mas não temos. Queremos ter certeza sobre o resultado de uma situação, mas não podemos. A intolerância à incerteza resulta da crença de que incerteza ou ambiguidade é algo ruim. Incerteza, por definição, não é nem boa nem ruim, apenas o desconhecido. Entretanto, é esse desconhecido que as pessoas com ansiedade intensa percebem como negativo ou ameaçador. A intolerância à incerteza é o combustível para o motor da preocupação. Pessoas ansiosas, sobretudo as que se preocupam excessivamente, têm mais probabilidade de ser intolerantes à incerteza. Assim como Jill, muitas vezes elas tentam planejar e se preparar para tudo como uma forma de evitar ou eliminar a incerteza. Pessoas com TAG têm maior intolerância à incerteza do que as pessoas em geral ou mesmo aquelas com outros transtornos de ansiedade. Indivíduos com altos níveis de intolerância à incerteza acham que é inaceitável que possa ocorrer um evento negativo, mesmo que seja pequena a probabilidade da sua ocorrência. A incerteza é vista como negativa, estressante, perturbadora e algo que deve ser evitado.

Se o estado geral de incerteza for aversivo e ameaçador, a preocupação se torna uma estratégia para planejar e se preparar mentalmente para qualquer resultado e, assim, reduzir a incerteza. As pessoas com TAG adotam comportamentos de busca de segurança a fim de reduzir a incerteza ou evitá-la completamente. Exemplos incluem os comportamentos mencionados anteriormente (busca de tranquilização, verificar repetidamente, buscar informações de forma excessiva, procrastinar e evitar situações novas). Ao se envolverem nesses comportamentos, elas mantêm a crença de que a incerteza é um estado indesejável que deve ser minimizado tanto quanto possível para funcionar de forma ideal no dia a dia.

Obviamente, a maioria das pessoas se sente um pouco desconfortável com a incerteza. Nós não tiramos da cartola aleatoriamente cada ação que realizamos. Preferíamos saber a qual restaurante estamos indo, que haverá um projetor disponível para a nossa apresentação e quando um teste está se aproximando. Ter esse conhecimento parece muito mais palatável do que estar despreparado.

A intolerância à incerteza é como uma alergia a amendoim. Se você é alérgico à incerteza, mesmo em pequenas doses (assim como resquícios de amendoim no ar), pode ter efeitos colaterais desagradáveis (ansiedade); e, quanto maior a incerteza (comer um amendoim inteiro), mais ansiedade você irá sentir. Todas as pessoas com TAG tendem a ter essa alergia, mas a gravidade pode variar de pessoa para pessoa. Para analisar seu nível de intolerância à incerteza, considere as seguintes questões.

1. *Faça uma lista aqui de todas as coisas das quais você tem 100% de certeza.*

_____

_____

_____

_____

2. *Você conseguiu pensar em algo? Por que é tão difícil encontrarmos coisas das quais temos 100% de certeza? É porque há poucas coisas das quais podemos ter certeza? Nós realmente toleramos milhares, milhões de incertezas todos os dias sem pensar a respeito?*

3. *Se a intolerância à incerteza é o combustível para o motor da preocupação, você pode escolher aumentar sua incerteza ou aumentar sua tolerância. Pense em qual estratégia você tem usado. Ela tem sido benéfica na redução da sua ansiedade? Ela ajudou a reduzir a ansiedade sobre situações futuras? Se ser intolerante à incerteza não funcionou para a redução da ansiedade, qual é a alternativa?*

Lidar com a incerteza é uma parte inevitável do dia a dia. Como não podemos ver o futuro, nunca estaremos realmente certos sobre o que vai acontecer. Aumentar sua tolerância à incerteza é uma estratégia melhor do que tentar aumentar sua certeza: é sempre possível se tornar mais tolerante, mas não é possível ter certeza absoluta. Portanto, um dos objetivos desse tratamento é mudar sua atitude em relação à incerteza. Como a preocupação o impede de descobrir se o seu medo realmente se tornará realidade, você será encorajado a se envolver em experimentos comportamentais que o expõem à incerteza para que possa testar suas crenças negativas. Isso é obtido pedindo a si mesmo para agir "como se" você fosse tolerante à incerteza. Depois do experimento, você vai analisar se o resultado temido se tornou realidade e como lidou com ele. Discutiremos isso em mais detalhes depois de revisarmos a evitação como um comportamento e sua relação insidiosa com a ansiedade.

EVITAÇÃO COMO COMPORTAMENTO

Os comportamentos ansiosos quase sempre são tentativas fracassadas de reduzir a ansiedade. Sentir-se ansioso é desagradável, portanto, naturalmente, queremos evitar essa situação. Não gostamos da incerteza, então, tentamos obter certeza sobre as situações. Infelizmente, as tentativas de evitar a ansiedade ou ter completa certeza muitas vezes são ineficazes, especialmente a longo prazo. Na verdade, a evitação é uma das principais razões pelas quais a ansiedade se torna um problema persistente. Para lembrá-lo de como isso funciona, primeiramente vamos revisar nossa definição do Módulo 1 do que entendemos por evitação:

Evitação é tudo o que você faz, ou não faz, para reduzir sua ansiedade.

Quais formas de evitação vemos no exemplo anterior de Jill? Marque-as na lista a seguir e acrescente outras.

☐ Procrastinar

☐ Buscar se tranquilizar

☐ Desabafar

☐ Preparação ou pesquisa excessivas

☐ Preocupação

☐ Verificar algo repetidamente

☐ Ser extremamente cauteloso

☐ Distrair-se (com a TV, conversa, internet)

☐ Abandonar uma situação

☐ Ingerir álcool ou usar outras drogas

☐ Manter itens de segurança (outras pessoas, medicamentos) com você

☐ Recusar-se a delegar tarefas a outras pessoas

☐ Outra: _____

☐ Outra: _____

☐ Outra: _____

☐ Outra: _____

ENFRENTANDO A ANSIEDADE POR MEIO DA MUDANÇA COMPORTAMENTAL E EXPOSIÇÃO

Vamos voltar agora aos nossos três componentes da ansiedade e resumir como eles influenciam uns aos outros. Discutimos no Módulo 1 como os componentes cognitivos, físicos e comportamentais da ansiedade interagem para formar um ciclo vicioso de ansiedade. Podemos ver isso na Figura 6.1, que descreve a situação de Jill.

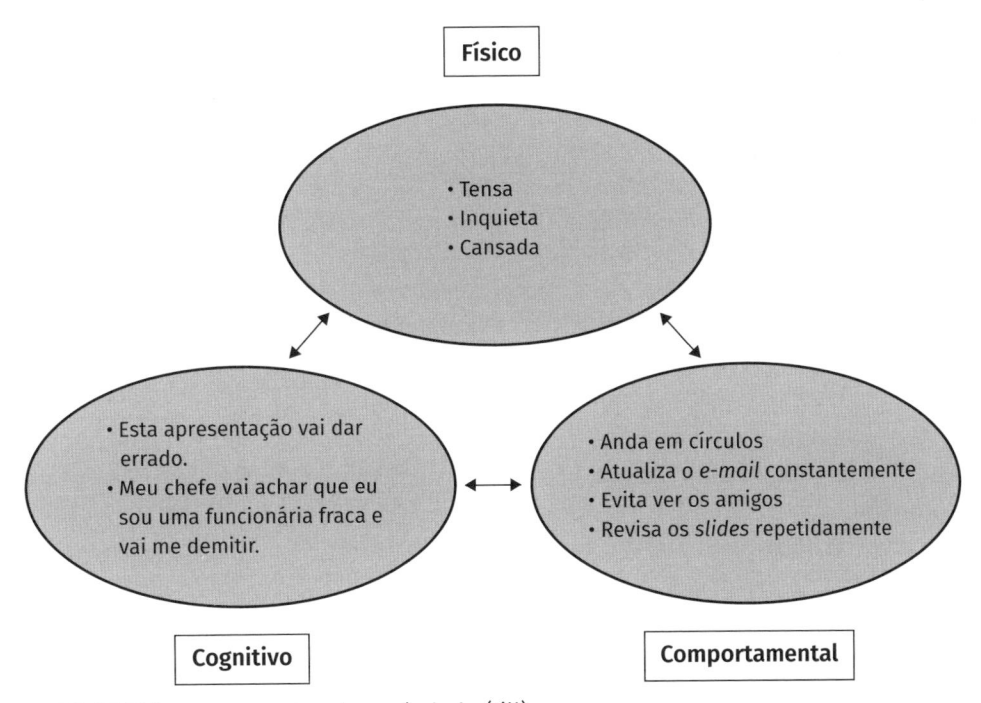

Físico
- Tensa
- Inquieta
- Cansada

Cognitivo
- Esta apresentação vai dar errado.
- Meu chefe vai achar que eu sou uma funcionária fraca e vai me demitir.

Comportamental
- Anda em círculos
- Atualiza o *e-mail* constantemente
- Evita ver os amigos
- Revisa os *slides* repetidamente

FIGURA 6.1 Três componentes da ansiedade (Jill).

Como discutimos no Módulo 5, a exposição oferece a oportunidade de você aprender que catástrofes reais provavelmente não ocorrerão, mesmo que você não se envolva em comportamentos de evitação ou verificação (p. ex., o chefe de Jill provavelmente não irá demiti-la se ela não verificar seus *e-mails* 10 vezes a cada hora). Exercícios de exposição oferecem a você a oportunidade de praticar as habilidades de manejo da ansiedade que aprendeu até este ponto em situações cotidianas que são relevantes para sua ansiedade. Muitas vezes, as preocupações ansiosas não são realistas, e perder tempo evitando-as por meio da preocupação ou de outras formas é prejudicial e o impede de viver a vida plenamente. Pode ser difícil perceber as formas como a ansiedade está detendo você. No Módulo 5, você visualizou seus cenários temidos e observou sua ansiedade diminuir com a exposição imaginária repetida. Agora, você irá praticar a exposição comportamental; isto é, você escolherá repetidamente parar de evitar e, assim, testar se seus cenários temidos realmente se tornam realidade. Isso será difícil, mas, se você persistir, verá sua ansiedade reduzir com o tempo. A exposição comportamental é um passo para tolerar a incerteza, em vez de ser intolerante a ela.

PRATICANDO A EXPOSIÇÃO COMPORTAMENTAL

Para praticar a exposição comportamental, você analisará todos os comportamentos de evitação guiados pela ansiedade em que está se envolvendo atualmente e que o estão impedindo de viver sua vida de forma plena, e irá gerar alternativas mais úteis que possa praticar. Inicialmente, será muito desafiador resistir aos comportamentos de evitação em favor de comportamentos opostos orientados para a abordagem; no entanto, com a prática, isso se torna mais fácil.

Exposição é difícil, mas gratificante. Assim como aprender uma nova habilidade, a exposição requer prática e, no início, pode parecer estranho. Pense na primeira vez que você andou de bicicleta ou dirigiu um carro... Isso foi completamente natural para você de imediato? Não! Leva-se tempo e prática para atingir seus objetivos.

Reconheça também que alguns comportamentos de verificação podem ser importantes ou valiosos (se você estiver com a saúde debilitada, faz sentido adotar comportamentos voltados para a saúde, ou se você vive em um bairro perigoso, faz sentido ficar mais preocupado e verificar com mais atenção a segurança da sua família). O objetivo principal da exposição é focar nos medos e nas preocupações que são excessivos para as circunstâncias atuais (p. ex., seu emprego realmente estará em jogo se você não fizer tudo com absoluta perfeição?). Para focar nesses medos, desenvolveremos uma hierarquia de situações temidas, começando pelos cenários que geram ansiedade mais leve e evoluindo até situações que cheguem ao seu medo nuclear.

Criando uma hierarquia de comportamentos ansiosos

Para começar a desafiar sua ansiedade, faça uma lista de todos os seus comportamentos guiados pela preocupação. O que ela o leva a fazer? O que a preocupação faz você evitar? Se estiver tendo dificuldade para gerar uma lista, reveja suas tarefas anteriores de prática em casa e selecione alguns itens dos círculos componentes do seu comportamento. Consulte a lista que você criou anteriormente neste módulo e veja quais comportamentos você marcou. Liste a seguir todos esses comportamentos na primeira coluna em "Comportamentos guiados pela ansiedade". (Uma folha de exercícios está disponível no material complementar do livro em loja.grupoa.com.br.)

Comportamentos guiados pela ansiedade	Comportamentos não ansiosos	SUDS (0-100)

A seguir, a partir dessa lista, crie um conjunto de objetivos não ansiosos (na coluna "Comportamentos não ansiosos") que são planejados para substituir os comportamentos ansiosos. Os não ansiosos podem ser o oposto da evitação; eles o ajudam a se aproximar das suas preocupações e medos de frente. Pergunte-se: "Se eu não estivesse me sentindo ansioso com essa situação, em vez do comportamento guiado pela ansiedade, o que eu faria?". Por exemplo, se Jill dissesse a si mesma: "Se eu não estivesse me sentindo ansiosa com essa apresentação na próxima semana, em vez de ficar em casa checando meus *e-mails* e relendo os *slides*, o que eu faria?". A resposta de Jill seria algo como "Me reuniria com meus amigos para o almoço" ou "Faria minha leitura para o clube do livro que estou querendo colocar em dia". Em seguida, na coluna SUDS, liste sua avaliação do estresse (0-100) que você acha que sentiria se fosse se engajar no comportamento não ansioso em vez de no comportamento guiado pela ansiedade naquele momento. Vamos dar uma olhada na lista preenchida por Jill:

Comportamentos guiados pela ansiedade	Comportamentos não ansiosos	SUDS (0-100)
Procrastinar	Iniciar em cerca de 5 minutos	60
Preparar-me excessivamente	Limitar a preparação a 1 hora	70
Verificar o e-mail repetidamente	Verificar o e-mail apenas 1 vez a cada hora	80
Andar em círculos	Ficar sentada	50
Me preocupar	Permanecer no momento presente	70

Você teve alguma dificuldade para gerar suas listas? Pense no que Elijah ou Sofia acrescentariam às suas listas e veja se alguns dos comportamentos deles são os mesmos que os seus. Reveja as tarefas que praticou em casa, preste atenção especialmente ao que você anotou na coluna "Comportamentos" e veja se isso lhe dá mais ideias sobre o que acrescentar. Além disso, observe que a lista é um trabalho em andamento, e você deve prestar atenção aos seus comportamentos ansiosos para que possa continuar aumentando-a.

Planejamento da mudança de comportamento

Agora que você tem sua hierarquia ou lista de comportamentos não ansiosos, escolha dois deles para praticar durante a próxima semana. Pense com antecedência em quais questões práticas podem estar associadas a esse item da mudança comportamental. Por exemplo, dependendo dos objetivos que você definir, a mudança comportamental exigirá algum planejamento prévio, como organizar seus compromissos sociais (como

Jill planejar um almoço) ou informar outras pessoas importantes de que você não vai ligar diariamente para confirmar se elas estão seguras, como você costuma fazer. Há alguns outros desafios logísticos para pensar; por exemplo, algumas tarefas podem ser praticadas repetidamente com muita rapidez (como limitar as mensagens de texto para pessoas queridas a uma vez por dia). Outras tarefas terão de ser estendidas por períodos mais longos (como realizá-las uma vez por semana ou criar oportunidades de encontros sociais). Nesses casos (quando os comportamentos forem menos frequentes), você pode querer lidar com várias mudanças comportamentais ao mesmo tempo. Considere quais pensamentos ansiosos viriam à sua mente como resultado da mudança comportamental e pense antecipadamente em como desafiá-los. Pratique cada exercício de mudança comportamental quantas vezes forem necessárias para que a ansiedade associada diminua ao menos pela metade ou até um nível leve (cerca de 30 ou menos na SUDS).

Uma das principais recomendações para mudanças comportamentais e exposições é ser consistente! Por exemplo, digamos que Jill perceba que terá cinco apresentações no trabalho no próximo mês. No entanto, ela combate a preparação excessiva para apenas uma das apresentações, limitando seu tempo de preparação a uma hora. Em cada uma das outras quatro vezes, ela ainda se envolve em seu comportamento de evitação de preparação excessiva. Quão útil você acha que isso será para a ansiedade de Jill? Para realmente focar na sua ansiedade, Jill terá de ser consistente na aplicação de comportamentos não ansiosos que sejam o oposto das suas estratégias de evitação. Isso certamente é difícil de fazer, e precisamos ser tolerantes conosco se ocasionalmente escorregarmos, mas esse é o objetivo final. Agora, vamos experimentar isso!

Implementando seu plano de mudança comportamental

Inicie com objetivos de mudança comportamental menores (inferiores na hierarquia, uma avaliação na SUDS de 40 ou menos) e construa o sucesso a partir do momento em que atingir os objetivos menores. Esteja preparado para se sentir ansioso quando você começar a mudar seu comportamento, mas mantenha-se no curso. Então, depois, reveja como as coisas se sucederam. Sua ansiedade diminuiu? Os resultados ruins com que estava preocupado acabaram se tornando realidade? Se aconteceu algo ruim, foi tão ruim quanto você temia? Este é o mesmo conceito que você fez no Módulo 4, na Seção II, quando verificou as consequências de reduzir a preocupação. Se você perceber que está se apegando a pensamentos do tipo "e se" ou desejando ter se engajado em seu pensamento ansioso, use suas habilidades de repensar pensamentos para analisar melhor a validade deles. Observar como os desfechos não foram tão ruins quanto você temia pode encorajá-lo a se envolver em comportamentos menos ansiosos. Use o Formulário de Monitoramento da Exposição Comportamental no final deste módulo (e no material complementar do livro em loja.grupoa.com.br) para registrar seu progresso.

REVISÃO DA SEÇÃO: PONTOS PRINCIPAIS

- A parte comportamental da ansiedade refere-se ao que você faz como consequência dos seus sentimentos ansiosos.

- Esses comportamentos geralmente são motivados por uma intolerância à incerteza. Como é impossível eliminar todas as incertezas de nossas vidas, precisamos aprender a aumentar nossa tolerância à incerteza.

- Criar uma hierarquia de comportamentos guiados pela ansiedade e suas contrapartidas comportamentais não ansiosas o ajuda a desafiar a ansiedade por meio da exposição. Com a prática contínua, os comportamentos não ansiosos serão mais fáceis de atingir e a ansiedade diminuirá.

PRATIQUE EM CASA

- **Continue construindo sua hierarquia:** monitore seus comportamentos ansiosos durante a semana e acrescente outros que você notar à sua hierarquia. Então, identifique o comportamento alternativo não ansioso correspondente.

- **Exposições comportamentais:** realize pelo menos três exercícios de exposição na próxima semana (usando comportamentos não ansiosos da sua hierarquia) e registre como eles se deram no Formulário de Monitoramento da Exposição Comportamental. Inicie com comportamentos não ansiosos que tenham avaliações de estresse correspondendo a aproximadamente 40 a 60 na escala de 0 a 100. Mantenha-se em cada exposição até que sua ansiedade tenha reduzido pelo menos 50% e, depois, veja se os seus resultados temidos se tornaram realidade. Continue tentando diferentes exposições (subindo na hierarquia) e não deixe de se recompensar depois que evitar a evitação (e, em vez disso, usar comportamentos de aproximação)!

FORMULÁRIO DE MONITORAMENTO DA EXPOSIÇÃO COMPORTAMENTAL

Data	Situação	Comportamento não ansioso	Desfecho do comportamento (As consequências temidas se tornaram realidade? Foi tão ruim quanto você temia?)	Pico - SUDS (0-100)	Fim - SUDS (0-100)

MÓDULO 7

Progresso nos objetivos e prevenção de recaídas

No início deste livro, nós o parabenizamos por abri-lo e dar o primeiro passo para fazer algo a respeito da sua ansiedade. Agora que você chegou ao sétimo e último módulo, o parabenizamos ainda mais. Você foi desafiado a fazer algumas coisas muito difíceis: tornar-se mais consciente sobre a forma como sua mente ansiosa funciona, mudar a maneira como responde aos seus pensamentos e sentimentos, desenvolver novos padrões de comportamento e, por fim, tentar estabelecer uma relação diferente com a ansiedade. Isso envolveu muito trabalho! Ao persistir e chegar até aqui, você deu a si mesmo a chance de fazer mudanças realmente significativas, então parabenize-se.

Neste módulo, em vez de ensinar uma nova habilidade ou um novo conceito, revisaremos o progresso que você fez e as habilidades que aprendeu. Também falaremos sobre como você pode manter seus ganhos e até mesmo continuar a reduzir a forma como a ansiedade interfere na sua vida.

REVISANDO AS HABILIDADES

Apresentamos muitas estratégias diferentes para responder à ansiedade de forma eficaz, bem como algumas perspectivas importantes sobre a natureza da ansiedade que esperamos que você tenha realmente entendido. Então, vamos começar com uma breve revisão dos principais pontos e ferramentas que abordamos. Se você precisar relembrar algum deles, incluímos o módulo em que eles são abordados, e o incentivamos a dar uma olhada nessas páginas para rever os detalhes.

Pontos principais

- **Preocupação *versus* solução de problemas:** a preocupação é uma resposta de *pensamento* disfuncional a um potencial problema que faz a sua ansiedade piorar, mesmo que às vezes *pareça* útil. A solução de problemas é a alternativa adaptativa à preocupação e envolve tomar atitudes ativas em direção a uma solução (Módulo 1).

- **Comportamento de evitação:** a ansiedade nos leva a adotar um comportamento de evitação, que é tudo o que você *faz* ou *não faz* para reduzir a ansiedade. A evitação proporciona alívio a curto prazo, mas, a longo prazo, impede que você aprenda maneiras mais adaptativas de reagir ao estresse (Módulos 1 e 6).

- **Relaxamento físico:** a ansiedade é tanto física como mental. Uma maneira de reduzir a ansiedade é diminuir a quantidade de tensão física em seu corpo (Módulo 2).

- **Pensamentos como hipóteses:** nós formamos padrões na maneira como automaticamente pensamos sobre o mundo, e esses pensamentos costumam gerar ansiedade. Se desacelerarmos nosso pensamento, tratarmos nossos pensamentos como hipóteses e avaliarmos o quão realistas ou úteis eles são, podemos desenvolver maneiras menos ansiosas de ver as situações (Módulo 3).

- **Atenção e preocupação:** nossa ansiedade é impactada por onde focamos nossa atenção. Ao desviarmos nossa atenção das preocupações e direcionarmos para o momento presente, vendo nossos pensamentos como "apenas pensamentos", podemos interromper o ciclo da preocupação (Módulo 4).

- **Enfrentando nossos medos:** envolver-se repetidamente em comportamentos não ansiosos e enfrentar nossos medos nos ajuda a aumentar nossa tolerância à incerteza e perceber que as consequências desastrosas que esperamos provavelmente não ocorrerão (Módulos 5 e 6).

Habilidades abrangidas

Habilidade	Como usar a habilidade	Módulo abrangido
Relaxamento muscular progressivo	Contraia e relaxe diferentes grupos musculares para atingir o relaxamento físico.	2
Respiração consciente	Inspire (5 segundos), prenda a respiração (3 segundos) e expire (5 segundos) enquanto se concentra na respiração.	2
Desafiando a superestimação da probabilidade	Analise as evidências a favor e contra um pensamento ansioso, avaliando a probabilidade real de ocorrer o resultado temido e identificando um pensamento alternativo mais realista.	3
Desafiando o pensamento catastrófico	Determine a gravidade real de um resultado temido, identifique como você lidaria se ele se tornasse realidade e crie uma interpretação mais realista da situação.	3
Atenção desfocada	Observe seus pensamentos ansiosos como apenas pensamentos sem atribuir importância particular a eles. Você pode fazer isso usando o imaginário visual (um trem passando por uma estação, folhas em um córrego, pensamentos escritos na areia).	4
Adiamento da preocupação	Adie todas as preocupações por um período específico de 20 a 30 minutos em que você permite se preocupar.	4
Exposição imaginária	Imagine repetidamente os piores cenários possíveis usando imaginário visual por intervalos de 5 minutos até que a ansiedade se torne mínima.	5
Exposição comportamental	Envolva-se em comportamentos não ansiosos (aproxime-se de situações temidas em vez de evitá-las) para aprender que comportamentos guiados pela ansiedade não são necessários para impedir resultados temidos.	6

REVISANDO SEU PROGRESSO

O progresso geralmente vem de forma gradual, então às vezes não percebemos o quanto mudamos. Para ajudar com isso, lembre-se de como sua ansiedade impactava sua vida quando você abriu este livro pela primeira vez. Dê uma olhada em suas folhas de exercícios para prática em casa no Módulo 1, incluindo os dois formulários de automonitoramento e a lista de áreas de interferência e estresse causado pela ansiedade. A ansiedade está interferindo na sua vida de alguma maneira? Como você estava lidando com sua ansiedade, em comparação com agora? Os mesmos pensamentos e situações desencadeiam ansiedade como antes, ou você nota que agora tem formas diferentes de responder à ansiedade?

Você também deve dar uma olhada nos objetivos que estabeleceu para si mesmo no Módulo 1 e em como seria caso os atingisse. Anote na sua folha de exercícios tudo o que você já conseguiu atingir. Depois, resuma seu progresso no espaço a seguir, anotando as áreas em que notou mais melhorias.

Além disso, é importante prestar atenção ao que o ajudou a melhorar, pois isso vai ser algo que você deseja manter. Por exemplo, se você não está mais estressado no trabalho, isso acontece por que está fazendo relaxamento muscular progressivo todas as manhãs? Por que você pode desafiar crenças sobre as consequências catastróficas do *feedback* negativo do seu chefe? Ou por que você fez exposições comportamentais em torno do perfeccionismo e busca de tranquilização? Ou talvez alguma combinação destes? Anote as habilidades ou percepções que você vê como as principais forças motivadoras por trás das suas principais melhorias, pois elas formarão uma parte importante do seu plano de prevenção de recaídas.

Áreas de maior melhoria	O que contribuiu para essa melhoria
1.	
2.	
3.	

MANTENDO SEUS GANHOS

Quando as pessoas veem reduções em seus níveis de ansiedade, é natural que se perguntem se esses ganhos serão duradouros. A boa notícia é que normalmente as pessoas mantêm as melhorias após um período de tratamento. Isso ocorre porque é difícil desaprender as habilidades e percepções que você desenvolveu. Ao adotar as habilidades ensinadas neste livro de exercícios, você realmente mudou a maneira como seu cérebro funciona, e essas mudanças não voltam facilmente!

No entanto, pode ser útil ter um plano para garantir que suas melhorias durem. Uma parte importante disso é entender que haverá flutuações na sua ansiedade e não catastrofizar eventuais aumentos na ansiedade. Em outras palavras, saiba que há uma diferença entre um lapso e uma recaída, e entenda que você pode prevenir esta última:

> **Lapso:** aumento temporário dos sintomas devido ao aumento do estresse e ao não uso das habilidades.

> **Recaída:** período estendido de aumento na ansiedade, redução no funcionamento e completa ausência do uso de habilidades.

Os lapsos devem ser esperados. No Módulo 1, falamos sobre estresse (interferências no *status quo*) como um importante contribuinte para a ansiedade problemática. Inevitavelmente, haverá momentos de maior estresse na sua vida, e é possível que isso possa levar a um lapso, sobretudo se você se esquecer ou estiver inseguro de como usar suas habilidades em resposta ao estresse.

A coisa mais importante a fazer se você notar um lapso é descobrir quais estratégias pode aplicar para responder melhor ao seu estresse e à ansiedade. O aumento do estresse não leva inevitavelmente à ansiedade problemática se você responder a ele de forma eficaz, e agora você tem uma série de ferramentas à sua disposição para ajudá-lo a fazer isso. Portanto, se você estiver experimentando um aumento nos sintomas, volte ao Módulo 1 para relembrar as suas opções.

Também é importante estar atento a quaisquer pensamentos de que você esteja falhando completamente quando experimenta um lapso, pois esse tipo de catastrofização pode dar início a um ciclo de preocupação que aumentará ainda mais a ansiedade. Se você perceber que está se preocupando com a recaída, reveja a definição. Recaídas acontecem devido a uma ausência *completa* do uso de habilidades. O uso ou não das habilidades está totalmente no seu controle, e você não terá recaídas se continuar usando o que aprendeu.

IDENTIFICANDO ÁREAS DE LAPSO DE ALTO RISCO

Você também pode diminuir a probabilidade de lapsos e recaídas planejando com antecedência. Pense sobre a sua vida nos próximos seis meses a um ano e identifique potenciais situações ou estressores que possam colocá-lo em alto risco de lapso. Relembre os personagens do seu livro de exercícios: isso pode ser a prova no final do semestre para Elijah, ou ter um relacionamento romântico para Jill. Uma situação de alto risco também pode ser algo que não está planejado ou não é esperado, mas que causou níveis graves de ansiedade no passado. Por exemplo, Sofia sabe que, quando pega um resfriado sem importância, isso desencadeia intensa ansiedade por estar com problemas médicos mais sérios.

Depois de identificar suas situações de alto risco, pense sobre os comportamentos motivados pela ansiedade em que pode se envolver e que poderiam piorar as coisas, pois essas são as coisas com as quais deverá ficar atento. Em seguida, você pode identificar os comportamentos habilidosos efetivos que pode usar para aplicar em tal situação. Veja a seguir um exemplo com Sofia.

Situações de alto risco	Comportamentos guiados pela ansiedade a serem observados	Comportamentos habilidosos para reduzir o risco de lapso
Ficar doente: desencadeará pensamentos sobre ter uma doença séria	• Buscar se tranquilizar com o marido • Fazer buscas na internet • Repetidas consultas médicas • Evitar atividades diárias	• Atenção desfocada para me lembrar que os pensamentos sobre doença são apenas pensamentos, não realidade • Exposição imaginária de ter doença terminal

Agora preencha os quadros a seguir com suas próprias situações de risco, comportamentos motivados pela ansiedade e comportamentos habilidosos.

Situações de alto risco	Comportamentos motivados pela ansiedade a serem observados	Comportamentos habilidosos para reduzir o risco de lapso
1.		
2.		
3.		

ÁREAS DE MELHORIA CONTÍNUA

Conforme passava pelo processo de revisão do seu progresso, você provavelmente percebeu que, embora tenha visto melhoras, ainda há algumas coisas nas quais gostaria de trabalhar. Isso é totalmente normal, e você não deve se sentir decepcionado! Na verdade, muitas pessoas que recebem terapia fazem mais melhorias após o término do tratamento, à medida que continuam aplicando as habilidades em suas vidas. O lado positivo sobre onde você está agora é que você tem as habilidades de que precisa, então tudo o que precisa fazer é preparar um plano de como utilizá-las da melhor forma possível.

Para fazer esse plano, identifique as áreas de melhoria mais importantes para você daqui para frente. Você pode se basear nos objetivos que definiu no início do livro de exercícios e que ainda não foram atingidos. Você também pode analisar sua exposição imaginária e as hierarquias de exposição comportamental dos dois últimos módulos para obter boas ideias. Depois de identificar essas áreas de melhoria, retorne à lista de habilidades e pontos principais no início deste módulo para ajudá-lo a ter ideias de como continuar a ver o progresso.

Áreas para melhoria contínua	Como posso atingir isso
1.	
2.	
3.	

CONSIDERAÇÕES FINAIS

A ansiedade é um problema desafiador a ser enfrentado porque, embora possa causar muitas dificuldades, também é uma parte normal da vida. Como resultado, reduzir a ansiedade problemática não significa jamais se sentir ansioso; significa chegar a um ponto em que a ansiedade não mais interfere no que é importante na sua vida. Ao olhar para o futuro, esperamos que você tenha essa perspectiva em mente, pois ela pode ajudá-lo a manter uma relação sadia com a ansiedade. Essa não é uma relação em que você evita sentir-se ansioso a todo custo. É uma relação em que você consegue identificar quando sua ansiedade está atrapalhando ou causando estresse indevido e, então, é capaz de usar suas habilidades de uma forma que o ajude a viver sua vida com mais liberdade. Às vezes, isso significará enfrentar situações que provocam ansiedade a curto prazo, mas, a longo prazo, é daí que provêm as mudanças mais poderosas. Depois de ter concluído a leitura deste livro, você tem o poder de lidar com a ansiedade de modo diferente, então, boa sorte enquanto segue em frente em sua vida.

REVISÃO DO MÓDULO: PONTOS PRINCIPAIS

- Você trabalhou muito e agora tem diversas habilidades à sua disposição. O segredo para manter seus ganhos e ver a melhoria contínua é seguir usando essas habilidades!
- Lapsos são períodos temporários de ansiedade aumentada, e devem ser esperados. Para reduzir os lapsos e impedir que se transformem em recaídas, identifique situações em que a sua ansiedade tem mais probabilidade de retornar e planeje com antecedência como você pode lidar com elas de forma eficaz.
- Transformar sua mente ansiosa é um processo a longo prazo, e é normal perceber que há mais ganhos a serem conquistados. Tenha em mente que a ansiedade também é uma parte normal da vida, mas, ao usar suas habilidades, você pode evitar que ela interfira no que é importante para você.

Referências

Aviation Safety. 2018. "Statistical Summary of Commercial Jet Airplane Accidents Worldwide Operations: 1959–2017." *Boeing Commercial Airplanes*. www.boeing.com/news/techissues/pdf/statsum.pdf

Beck, A. T. 1976. *Cognitive Therapy and the Emotional Disorders*. New York: International Universities Press.

Carpenter, J. K., L. A. Andrews, S. M. Witcraft, M. B. Powers, J. A. Smits, and S. G. Hofmann. 2018. "Cognitive Behavioral Therapy for Anxiety and Related Disorders: A Meta-Analysis of Randomized Placebo-Controlled Trials." *Depression and Anxiety* 35: 502–514.

Craske, M. G., and D. H. Barlow. 2006. *Mastery of Your Anxiety and Worry*: Client Workbook. 2nd ed. New York: Oxford University Press.

Hayes, S. C. (with S. Smith). 2005. *Get Out of Your Mind and Into Your Life: The New Acceptance and Commitment Therapy*. Oakland, CA: New Harbinger.

Hofmann, S. G., A. T. Sawyer, A. A. Witt, and D. Oh. 2010. "The Effect of Mindfulness-Based Therapy on Anxiety and Depression: A Meta-Analytic Review." *Journal of Consulting and Clinical Psychology* 78: 169–183.

Locke, E. A., and G. P. Latham. 2002. "Building a Practically Useful Theory of Goal Setting and Task Motivation: A 35-Year Odyssey." *American Psychologist* 57: 705–717.

Webb, T. L., and P. Sheeran. 2006. "Does Changing Behavioral Intentions Engender Behavior Change? A Meta-Analysis of the Experimental Evidence." *Psychological Bulletin* 132: 249–268.

Wells, A., and S. Cartwright-Hatton. 2004. "A Short Form of the Metacognitions Questionnaire: Properties of the MCQ-30." *Behaviour Research and Therapy* 42: 385–396.